manholt verlag

Daudet mit seiner Frau Julia in Champrosay, 1892

Alphonse Daudet

Im Land der Schmerzen

Aus dem Französischen von
Dirk Hemjeoltmanns

Einleitung, Nachwort und Anmerkungen
von Julian Barnes
Aus dem Englischen von Bernhard Liesen

MANHOLT

Titel der Originalausgabe:
La Doulou, Paris 1930

www. manholt.de

© der Übersetzung by manholt verlag, Bremen 2003
© der deutschsprachigen Ausgabe Textual notes Julian Barnes
by manholt verlag, Bremen 2003
Umschlaggestaltung: Frank Bornemann und Jutta Virus
Gesamtherstellung: Clausen & Bosse, Leck
ISBN 3-924903-03-4

Einleitung

Im Jahr 1883 unterzog sich Turgenjew in Paris einer Operation, bei der eine Nervengeschwulst im Unterleib entfernt werden sollte. Statt Chloroform verabreichten ihm die Ärzte Äther, und er war während des Eingriffs bei Bewußtsein. Danach erhielt er Besuch von seinem Freund Alphonse Daudet, mit dem er schon häufig in Gesellschaft von Flaubert, Edmond de Goncourt, Zola und anderen diniert hatte. »Während der Operation«, erzählte Turgenjew Daudet, »dachte ich an unsere gemeinsamen Abendessen und versuchte die treffenden Worte für das Gefühl zu finden, wie der Stahl meine Haut durchschnitt und in meinen Körper eindrang ... Es war, als bohrte sich eine Messerklinge in eine Banane.« Überliefert wurde diese Anekdote von Goncourt, und zwar mit folgendem Kommentar: »Unser alter Freund Turgenjew ist ein echter Homme de lettres.«

Wie kann man mit Worten der Krankheit, dem Sterben und dem Tod am besten gerecht werden? Obwohl Turgenjew ein tadelloses Beispiel gegeben hat, entzieht sich der Schmerz in der Regel der Darstellung. Als für Daudet die Zeit des Leidens gekommen war, machte er die Entdeckung, daß der Schmerz – wie auch die Leidenschaft – das Individuum verstummen läßt. Die Worte fließen erst wieder, »wenn alles vorbei ist, wenn die

Dinge sich wieder beruhigt haben. Sie sprechen nur von Erinnerung, kraftlos oder unwahr.« Ob der nahe Tod zu Geistesschärfe und letztgültigen Wahrheiten führt, ob sich der Lebensfilm als *Aide-mémoire* vor dem geistigen Auge abspult oder nicht – man wird dadurch wohl kaum zu einem besseren Schriftsteller. Zurückhaltend oder unbekümmert, weise oder großspurig, dichterisch oder journalistisch – man wird weder besser noch schlechter schreiben als zuvor. Das dichterische Temperament zeigt sich dieser neuen Herausforderung gewachsen – oder auch nicht. Als Harold Brodkeys heroische – auch, wie es schien, heroisch selbstbetrügerische – Bestandsaufnahme des eigenen Sterbens im *New Yorker* publiziert wurde, gratulierte ich der Herausgeberin, weil sie »alles drin gelassen« und somit Brodkeys beeindruckende Egomanie für den Leser sichtbar gemacht habe. »Sie hätten mal sehen sollen, was wir alles gestrichen haben«, lautete ihre sarkastische Antwort.

Der Romancier, Dramatiker und Journalist Alphonse Daudet (1840–1897) ist heutzutage ein weitgehend vergessener Autor, in dem man gemeinhin einen sonnigen Humoristen und makellosen Stilisten sieht, der in seinen *Lettres de mon moulin* (1869) und in *Tartarin de Tarascon* (1872) wohlwollend – wenn auch einseitig – das Leben in der Provence schildert. Schüler des Französischen erhalten seine Texte als Anfängerübungen – »versucht euch mal daran«. Doch zu seiner Zeit war Daudet nicht nur ein hochgradig erfolgreicher (und sehr reicher) Autor; er saß auch mit den literarischen Größen seiner Epoche an einem Tisch. Dickens nannte ihn »meinen kleinen französischen Bruder«; Henry James, der Daudets Roman

Port Tarascon (1890) ins Englische übersetzte, sprach von »einem großen kleinen Romancier«. Für Goncourt war er »mon petit Daudet«. Daraus könnte man schließen, daß Daudet von kleiner Statur war. Er war liebenswürdig, großzügig und gesellig – ein leidenschaftlicher Beobachter, dessen Redefluß kaum zu bremsen war. All das findet sich auch in seinen Werken wieder. Henry James beschreibt ihn als »den glücklichsten Romancier«, als den »bei weitem *charmantesten* Geschichtenerzähler seiner Zeit«. »Vielleicht«, fügt James einschränkend hinzu, »war er nicht gerade der Beobachter der tiefsten Lebensphänomene, dafür aber des gesamten Reichs des Unmittelbaren, der äußerlichen Gefühlsdarstellung und des Tatsächlichen.« Diese ambivalenten Charakterisierungen weisen darauf hin, daß Daudet zu jenem Typus von hart arbeitenden, ehrbaren und populären Autoren zählte, deren Ruhm und Bedeutung im großen und ganzen nicht über ihren Tod hinausreicht. Die zwanzigbändige, in den Jahren 1929–1932 edierte Werkausgabe schien das eher zu bestätigen als zu widerlegen. In den angelsächsischen Ländern denkt man bei dem Nachnamen heutzutage genauso oft an Alphonse Daudets ältesten Sohn Léon, einen hochgradig talentierten Polemiker, der unbeirrt dem Pfad des extremen Nationalismus, Royalismus und Antisemitismus folgte und gemeinsam mit Charles Maurras die Action française gründete.

Daudet mochte mit den großen Schriftstellern seiner Zeit an einem Tisch sitzen, doch fand er sich auch in einem weniger beneidenswerten Club wieder – dem der syphilitischen Literaten. Aber auch hier steht er etwas im Schatten der »großen Drei«: Baudelaire, Flaubert und

Maupassant. Wahrscheinlich gebührt Daudet der vierte Platz – gemeinsam mit Edmond de Goncourts jüngerem Bruder Jules. Daudet hatte sich schon im Alter von siebzehn Jahren mit Syphilis infiziert, kurz nach seiner Ankunft in Paris, doch zumindest konnte er von sich behaupten, sich in einem gehobeneren – literarischeren – Milieu angesteckt zu haben als die anderen, nämlich bei einer *lectrice de la cour*, die im kaiserlichen Palast vorlas. Gegenüber Goncourt sprach Daudet von einer Dame »aus der höchsten Gesellschaft«.

Nach der ursprünglichen Diagnose der Syphilis und einer Quecksilberbehandlung folgte eine lange Latenzperiode. Daudet arbeitete, publizierte und wurde berühmt. Er heiratete im Jahr 1867, wurde Vater von drei Kindern und führte weiterhin ein ausschweifendes und unbekümmertes außereheliches Sexualleben. Nachdem er im Alter von zwölf Jahren seine Unschuld verloren hatte, war er in sexuellen Dingen, wie er selbst gestand, immer »ein echter Draufgänger« gewesen. Er schlief mit etlichen Mätressen seiner Freunde, und ungefähr zehnmal pro Jahr überkam ihn das Bedürfnis nach extravaganteren sexuellen Praktiken, die Madame Daudet unmöglich gutheißen konnte. Alkohol führte bei ihm unweigerlich zu Ausschweifungen (gefolgt von kurzlebiger Reue), wie so viele andere Anlässe auch. Im Jahr 1884 wurde er wegen einer Hydrozele operiert. Nach dem schmerzhaften Legen einer Dränage an einem stark angeschwollenen Hoden (und der Wiederholung des Eingriffs, da der erste Versuch fehlgeschlagen war) hätten die meisten Männer wahrscheinlich wochenlang die Hosen nicht mehr heruntergelassen, aber Daudet machte sich schnurstracks auf die Suche nach einer Frau. Im Jahr 1889 erzählte Daudet Edmond de Goncourt von einem Traum, in dem er sich vor dem Jüngsten Gericht verteidigen mußte, wo er wegen des »Verbrechens der Sinnlichkeit« zu einer Strafe von dreitausendfünfhundert Jahren in der Hölle verurteilt werden sollte.

Als die Syphilis in das tertiäre Stadium eingetreten war, litt Daudet anfangs an »rheumatischen« Beschwerden sowie an schweren Ermüdungserscheinungen und Hämorrhagien. Aber zu Beginn der achtziger Jahre wurde zunehmend klar, daß Daudet an Neurosyphilis laborierte. In diesem Stadium, medizinisch korrekt mit dem Terminus Tabes dorsalis bezeichnet, ist ein syphilitischer Befall des Rückenmarks zu registrieren. In Daudets Fall waren die schwerwiegendsten Folgen Ataxie, die zunehmende Unfähigkeit, die eigenen Bewegungen zu koordinieren, und schließlich die Paralyse. Im Jahr 1885 erklärte Jean Martin Charcot, der berühmteste Neurologe seiner Zeit, Daudet für »verloren«, doch dieser sollte nach der Verkündung des Todesurteils noch zwölf Jahre leben – von immer stärker werdenden Schmerzen und Schwächezuständen gepeinigt. Er konsultierte die besten Spezialisten, die ihn in die ausgesuchtesten Kurorte schickten und ihm Anwendungen und Schlammbäder verordneten. Wie brutal oder exotisch sie auch sein mochten – Daudet versuchte es mit sämtlichen seinerzeit neuen Behandlungspraktiken. Charcot etwa empfahl die Seyre-Methode, bei der der Patient einige Minuten lang aufgehängt wurde, einen Teil der Zeit nur an einem Kiefergurt baumelnd. Diese Prozedur verursachte zwar extreme Schmerzen, brachte aber kaum positive Resultate. David Gruby, ein bei Künstlern beliebter Arzt, zu dessen Patienten beispielsweise Chopin, Liszt, George Sand, Dumas (*père et fils*) und Heine zählten, versuchte es mit einer extravaganten Diät. Der Tag begann mit einer aus verschiedenen Korn- und Gemüsesorten zusammengebrauten Suppe, die Daudet aber dermaßen die Eingeweide zu zerreißen drohte, daß dieser Tortur – seinen eigenen Worten zufolge – der Tod vorzuziehen sei. In seinen letzten Lebensjahren probierte er es mit der Brown-Séquard-Methode, einer Abfolge äußerst schmerzhafter Injektionen, bei denen dem Patienten ein Wundermittel gespritzt wurde, das man aus Meerschweinchen gewonnen hatte (eines Tages erfuhr Daudet von dem Mann, der ihm die Spritzen verabreichte, ihm seien die Meerschweinchen ausgegangen und er versuche es jetzt ersatzweise mit einem aus den Hoden von Bullen gewonnenen Extrakt). Auch Zola unterzog sich dieser Behandlung, allerdings um seine sexuelle Potenz zu steigern. Bei dem schwer leidenden Daudet schien die Behandlung zunächst anzuschlagen und sogar wahre Wunder zu bewirken, doch die positiven therapeutischen Effekte verpufften sehr schnell.

Kein einziger dieser Ärzte war ein Quacksalber (Charles Édouard Brown-Séquard beispielsweise war Professor für Physiologie und Neuropathologie in Harvard und demonstrierte, daß man auf experimentellem Wege bei Meerschweinchen Epilepsie auslösen kann). Jeder dieser Mediziner versuchte die unbesiegbare Krankheit auf seine Weise zu überlisten. Wie viele andere, die an Neurosyphilis litten, verließ sich auch Daudet bald immer mehr auf große Dosen von Palliativen, besonders auf Chloral, Bromid und Morphium. Zu unterschiedlichen Zeiten injizierten ihm seine Frau, sein Sohn Léon oder sein Schwiegervater das Morphium. Im März 1887 setzte ihm Léon zwei Spritzen nacheinander, verweigerte aber eine dritte Injektion. Daudet ging umstandslos zu seinem Schwiegervater, der ihm zwei weitere verabreichte (der Schwiegervater war ebenfalls Morphinist, Daudets Sohn bevorzugte Laudanum). Immer häufiger setzte er sich auch selbst die Spritzen – nicht eben einfach für einen Mann, der an Ataxie und extremer Kurzsichtigkeit leidet. Seinen eigenen Worten nach hat er sich im Juni 1891 einmal selbst fünf Injektionen nacheinander verabreicht, obwohl er schon im vorhergehenden Oktober festgestellt hatte, daß es praktisch keine Stelle seines Körpers mehr gebe, wo er die Nadel noch ansetzen könne.

Daudets persönliche und literarische Reaktion auf seinen Zustand war bewunderungswürdig. »Tapferkeit ... besteht darin, andere nicht zu verängstigen«, schrieb Philip Larkin. Etliche Zeitgenossen bezeugen Daudets beispielhaftes Verhalten. André Ebner, sein letzter Sekretär, erinnert sich daran, wie Daudet eines Morgens mit einem Freund zusammensaß – mit geschlossenen Augen, kaum in der Lage, etwas zu sagen, von Schmerzen gepeinigt. Doch als der Türknauf sich leise drehte, war er schon auf den Beinen, bevor Madame Daudet das Zimmer betreten hatte. Die Farbe war in seine Wangen zurückgekehrt, und er lächelte. Seinem beruhigenden Tonfall war von der Krankheit nichts anzumerken. Aber als die Tür sich wieder schloß, ließ Daudet sich ermattet in seinen Sessel fallen. »Leiden ist gar nichts«, murmelte er vor sich hin. »Es geht nur darum, seine Nächsten nicht ebenfalls leiden zu lassen.« Dies ist eine einwandfreie und schwer in die Tat umzusetzende Haltung (die heutzutage aus der Mode gekommen ist). Sie führte Daudet zu einer intimen Kenntnis all jener Ironien und Paradoxien, die sich mit einer langjährigen Krankheit verbinden. Umgeben von geliebten Menschen, aber nicht willens, ihnen den eigenen Schmerz aufzubürden, bagatellisiert man bewußt sein Leiden – und bringt sich genau dadurch um den Trost, nach dem man sich so sehr sehnt. Dann entdeckt man, daß der eigene Schmerz, der für den Leidenden ständig neue Formen annimmt, den anderen als sich bloß wiederholend und banal erscheint. Man muß fürchten, sie mit seinem Leiden zu langweilen. Unterdessen führt die geistige Vorwegnahme zukünftiger Qualen – und die Angst, auf die geliebten Nächsten abstoßend zu wirken – dazu, daß einem der Selbstmord nicht nur als verlockende Idee, sondern als geradezu logische Konsequenz erscheint. Der Haken bei der Sache ist nur, daß diejenigen, die man liebt, bereits beschlossen haben, daß man weiterleben soll – und sei es auch nur um ihretwillen.

Daudets andere Reaktion auf sein Leiden bestand darin, darüber zu schreiben. Er begann sich Notizen zu machen, aber das Buchprojekt war mit allerlei Schwierigkeiten verbunden. Ihm schwebte kein Roman vor, sondern eine aufrichtige Konfession – aber wie war das für einen verheirateten Mann möglich, mußte diese doch auch die »sexuellen Sehnsüchte und die Todessehnsucht, die die Krankheit mit sich bringt« beinhalten? Im Jahr 1888 glaubt er, das Problem der Form gelöst zu haben.

Eine Autobiographie schließt er weiterhin aus, selbst wenn sie erst nach seinem Tod veröffentlicht werden sollte. Daudet will kein »Testament der Beschwerden gegen seine Familie« hinterlassen. Aber er hat eine andere Idee. »Hören Sie, die Sache beginnt so«, erklärte Daudet Goncourt. »Die Terrasse des Hotels in Lamalou. Irgend jemand sagt: ›Er ist tot!‹ Dann eine Charakterskizze von mir, von mir selbst entworfen. Anschließend drückt mir der Diener des Verstorbenen ein Notizbuch in die Hand. Verstehen Sie? Auf diese Weise geht es in dem Buch nicht um mich. Ich selbst bin darin nicht einmal verheiratet. Das ermöglicht mir ein Kapitel, in dem ich das Leiden in der Familie mit dem einsamen Leiden vergleichen kann. Da dieses Notizbuch mir eine fragmentarische Form erlaubt, kann ich über alles reden, ohne mich um Übergänge kümmern zu müssen.« In dieser ins Auge gefaßten Lösung zeigt sich das Bemühen um Verständnis, aber auch Verzweiflung. Madame Daudet überzeugte ihren Mann von der Undurchführbarkeit des Projekts. Sie habe, so ihr Sohn Lucien, argumentiert, daß ein solches Buch unvermeidlich als der letzte Akt einer literarischen Karriere aufgefaßt werden würde und Daudet sehr wohl daran hindern könnte, danach noch etwas anderes zu veröffentlichen. Diese Bedenken waren entweder aufrichtig gemeint oder aber außerordentlich raffiniert.

Es gibt keinerlei Hinweise, daß Daudet jemals ernsthaft mit der Arbeit an seinem Buch über den Schmerz begonnen hat. Aber er machte weiter Notizen, sprach über sein Projekt und äußerte sich (kurz vor seinem Tod) sogar in Gesprächen mit Journalisten über die Fortschritte, die er dabei machte. Allerdings stand der Titel des Buchs für Daudet von vornherein fest: *La Doulou* – das provenzalische Wort für *douleur*. Goncourt hielt den Titel zwar für »abscheulich«, erwartete jedoch ein außerordentliches Resultat, da der Autor alles, was darin enthalten sein würde, selbst durchlebt hatte – »sogar nur zu sehr«. Jenes etwa fünfzig Seiten starke Bändchen, das im Jahr 1930 schließlich unter dem Titel *La Doulou* erschien, enthielt Notizen – Notizen über seine Leiden, die Symptome seiner Krankheit, seine Ängste und andere Reflexionen. Darüber hinaus gibt es Einblicke in das skurrile gesellschaftliche Leben der Besucher von Duschbädern und Kurorten. Aber diese Notizen *sind* außerordentlich – Daudet hatte recht, in sich genau den richtigen Mann für dieses Thema zu sehen. Als »echter Homme de lettres« stand er Turgenjew nicht nach. Er war es schon seit seinen Anfängen. Als Daudet sechzehn Jahre alt war, starb sein Bruder Henri, und ihr Vater brach in verzweifelte Schmerzensschreie aus: »Er ist tot! Er ist tot!« Später schrieb Daudet, er sei sich schon damals seiner zweigeteilten Reaktion auf diese Szene bewußt gewesen. »Mein erstes Ich konnte sich der Tränen nicht erwehren, aber mein zweites Ich dachte: ›Was für ein fulminanter Schmerzensschrei! Auf der Bühne würde er sich wirklich gut machen!‹« Seit dieser Zeit sah er in sich einen *homo duplex*. »Ich habe oft über diese schreckliche Art von Persönlichkeitsspaltung nachgedacht. Dieses furchtbare zweite Ich ist immer präsent. Es ist, als säße es auf einem Stuhl und beobachtete dabei, wie das erste Ich aufsteht, handelt, lebt, leidet und sich abstrampelt. Nie ist es mir gelungen, dieses zweite Ich betrunken zu machen, es zum Weinen zu bringen oder einzuschläfern. Und wie tief dieses zweite Ich in die Dinge hineinsieht! Und wie spöttisch es sie ins Visier nimmt!«

»Der Künstler, so wie ich ihn sehe, ist ein Ungeheuer, jemand, der sich gleichsam außerhalb der Natur stellt«, schrieb Flaubert. Auch Daudet begegnet in den zitierten Zeilen einem Teil seiner selbst als Ungeheuer und ist beinahe abgestoßen von den Voraussetzungen, die es braucht, ein Schriftsteller zu sein. Einigen Autoren gelingt es, das zweite Ich einzuschläfern oder es betrunken zu machen, andere sind sich seiner Präsenz nicht permanent bewußt. Wieder andere haben ein waches und eindrucksvolles zweites Ich, aber nur ein wertloses und langweiliges erstes. Graham Greenes Bemerkung, der Schriftsteller benötige ein Stück Eis in seinem Herzen, ist zutreffend, aber wenn das Eisstück zu groß ist und das Herz erstarren läßt, bleibt dem zweiten Ich nichts mehr zu beobachten – zumindest nichts Interessantes.

Daudet hatte den kalten Blick, aber auch ein mitfühlendes, leidendes Herz. Doch er besaß auch einen Blick für das Unspektakuläre. Was sich im Umkreis einer Krankheit abspielt, mag dramatisch oder sogar heroisch sein, aber die Krankheit selbst ist etwas Gewöhnliches, Alltägliches, Langweiliges. Turgenjew verglich den eigenen Körper mit einer Banane; als Daudet von einem heftigen ataktischen Anfall heimgesucht wurde, bei dem er jede Kontrolle über die Koordination seiner Beine verloren hatte, fühlte er sich an einen Scherenschleifer erinnert (dieser Vergleich mag einigen zeitgenössischen Lesern nicht mehr viel sagen, doch noch vor wenigen Jahrzehnten sah man umherziehende Scherenschleifer in den Straßen. Um die runden Steine auf ihren fahrbaren Gestellen mit ausreichender Geschwindigkeit rotieren zu lassen und Messer und Scheren daran schärfen zu können, mußte der Schleifer fieberhaft ein Pedal auf- und abbewegen). Dieses Bild ist treffend, unheroisch und aus dem täglichen Leben gegriffen.

Obwohl in *La Doulou* die Fragmente in einer gewollten Abfolge stehen und es eine gewisse Entwicklung gibt, bleibt der Text doch eine Sammlung von Notizen, was aber nicht notwendigerweise als Nachteil zu werten ist. Wenn es um das eigene Sterben geht, scheint der Fragmentcharakter die angemessene Form zu sein. Bruchstückhafte Notizen verweisen auf die verronnene Zeit und das Leiden, die zwischen den Einträgen liegen: auf den fast fünfzig Seiten ist die Leidenserfahrung etwa eines Jahrzehnts verdichtet. Notizen verringern die Gefahr egomanischer Exzesse (wie bei Brodkey), die Gefahr der Verstellung und übertriebener Kunstbemühung. Daudet war ein Realist, dessen Schreiben sich häufig sehr eng an seinem eigenen Leben orientierte – in diesem Buch, das sein Sohn Léon »ein gnadenloses und unversöhnliches Brevier« nannte, schmiegt es sich seinem eigenen Tod an.

Über die Unsterblichkeit, ein Thema, das er im Jahr 1891 mit Goncourt diskutiert hatte, machte sich Daudet keinerlei Illusionen. Goncourt vertrat die Ansicht, der Tod bedeute die totale Vernichtung, und der Mensch sei nichts als eine flüchtige Zusammenballung von Materie. Selbst wenn es einen Gott gebe, würde man ihn mit der Erwartung, daß er jedem einzelnen von uns ein neues Leben schenken müsse, zu sehr zum Buchhalter degradieren. Daudet stimmte seinem Freund ohne Abstriche zu, und dann erzählte er Goncourt von einem alten Traum, in dem er durch Ginsterbüsche spazierte. Überall um sich herum hörte er das schwache Hintergrundgeräusch aufplatzender Samenhülsen. Letztlich, so folgerte er, sei unser Leben nicht mehr als dies – das leise Knistern aufplatzender Hülsen.

Julian Barnes

I

Μαθηματα-Παθηματα

»Μαθηματα-Παθηματα«
Die elementaren Wahrheiten – Der *Schmerz*.

– Was machen Sie im Augenblick?
 – Ich leide.

Vor dem Spiegel meiner Kabine, beim Duschen, welch ausgemergelter Körper! Was für ein komischer kleiner Alter ich doch plötzlich geworden bin.
Mit einem Satz von fünfundvierzig auf fünfundsechzig. Zwanzig Jahre, die ich nicht gelebt habe.

Die Dusche – Kabinennachbarn: kleiner Spanier, russischer General. Magerkeit, fiebrige Blicke, armselige Schultern.
Monsieur B., dem Absinth verfallen.
Gegen Ende des Tages kommen Männer von der Börse.
Im Hintergrund, der Fechtsaal. Ayat mit seinen Adjutanten. Choderlos, der Stockfechter.
Freistilboxen, Faustkampf. Monsieur de V. (seit Jahren zwei Duschbäder täglich) wird Gewichte heben, sich danach wiegen.
Hin und Her des Rollstuhls.
Das Schwitzbad.
Dieser Monsieur B., manchmal im Rollstuhl, fett, weißes Fleisch, gesundes Aussehen; ein andermal gebeugt, gestützt, trippelnd.

Duschgeräusche, dumpfe Stimmen, im Hintergrund das Geklirr der Degen. Der Anblick dieses physischen Lebens, an dem ich nicht mehr teilnehmen kann, löst tiefe Traurigkeit in mir aus.[1]

Arme Vögel in der Nacht, gegen Mauern prallend, trotz geöffneter Augen wie blind ...

Was für eine Qual von den Duschbädern durch die Champs-Élysées zurückzugehen, sechs Uhr, ein schöner Tag, Stuhlreihen.

Das Bemühen, aufrecht zu gehen, die Angst vor einem dieser stechenden Schmerzanfälle – die mich auf den Schlag innehalten lassen oder mich verdrehen, mich zwingen, wie ein Scherenschleifer das Bein zu heben. Gleichwohl ist das der bequeme Weg, für die Füße am wenigsten schmerzhaft, denn ich muß laufen.[2]

Rückkehr von der Dusche mit X., Hirnerkrankung, ich gebe ihm neue Kraft, »massiere« unterwegs seine Seele, dieses so menschliche Vergnügen, mir selbst Lebenskraft einzuhauchen.

---

1 Im April 1885, während er auf unsicheren Beinen um seinen Billardtisch ging, erzählte Daudet Goncourt, er habe hier mit einem der stellvertretenden Kommandeure fechten wollen, sei dabei aber gestürzt. »Wie konnte es nur soweit kommen, daß ich, dessen Geist weiterhin über die Jugend, die Vitalität und die Energie der besten Jahre verfügt, jetzt mit einem Körper wie einem nassen Lappen ende?«
2 Daudet gegenüber Goncourt (*Journal*, 19. Juni 1884): »Ich muß laufen, um meine Schmerzen zu verringern.«

»Nachbars Leid gibt Kraft und heilt.« Sprichwort aus dem Midi, Land der Kranken.

»Das Schiff liegt an der Kette«, sagt man in der Seemannssprache. Es bräuchte ein Wort dieser Art, um die Krise zu erläutern, in der ich mich befinde ...
Das Schiff liegt an der Kette. Wird es je wieder ablegen?

Tod des Vaters. Totenwache. Begräbnis. Was ich gesehen habe, was mir wieder einfällt, was mir keine Ruhe läßt.[3]

Erinnerung an meinen ersten Besuch bei Dr. Guyon, Rue de La Ville-l'Évêque. Er untersucht mich; Blasenkontraktion; ein wenig gereizte Prostata, eigentlich nichts. Und mit diesem Nichts begann alles: Die Invasion.[4]

Sehr alte Vorboten. Eigentümliche Schmerzen: feurige Flammenstrahlen, meinen Körper zerschneidend, entzündend.
Traum von einem Schiffskiel, so schmal, so schmerzhaft.[5]

---

3 Vincent Daudet war im Jahr 1875 gestorben.
4 Felix Guyon (1831–1920), der berühmte Urologe. »Urologische Probleme« sind typisch für das Anfangsstadium von Tabes dorsalis.
5 »Heute abend erzählte uns Daudet, er träume schon sehr lange einen Traum, in dem er sich als Schiff fühle, dessen Kiel ihm Schmerzen bereite: in seinem Traum lege er sich dann auf die Seite. Wegen der hartnäckigen Wiederkehr des Traums hat er Dr. Potain

Augenbrennen. Fürchterlicher Schmerz bei Lichtreflexen.

Seither Kribbeln in den Füßen, Brennen, Empfindsamkeit.

Zuerst Empfindlichkeit gegenüber Geräuschen: Schaufel, Feuerzangen am Herd, nervenzerfetzendes Türklingeln, Uhr, Spinnennetz, an dem die Arbeit um vier Uhr morgens beginnt.
Übertriebene Reizbarkeit der Haut, Schlafstörungen, dann Spucken von Blut.

»Harnisch auf der Brust«. Meine erste Erfahrung mit diesem Gefühl. Zuerst Atemnot, aufrechtes Sitzen im Bett, Verstörtsein.

Erste Anfänge der Krankheit, die mich überall abtastet, sich einzunisten versucht.[6] Für einen Moment die Augen, Flimmern, Doppeltsehen; dann die Dinge zweigeteilt, eine Buchseite, die Buchstaben eines Wortes, zur

---

gefragt, ob dieser darauf hindeute, daß seine Wirbelsäule sich auflöse. Potain hatte dafür nur ein Lachen übrig.« (Goncourt, 9. Juli 1885)
6 Daudets Sohn Léon (1867–1942), der Medizin studierte, schrieb in seiner Denkschrift *Devant la Douleur* (1915), die Krankheit Tabes dorsalis halte »jede Menge gräßliche Überraschungen« für den an ihr Leidenden bereit und »spiele gerne mit ihrem Opfer«, indem sie es durch ein kurzes – manchmal sogar längeres –, in jedem Fall aber nur vorübergehendes Abklingen des Leidens zum Narren halte.

Hälfte gelesen, wie mit einer Hippe zerteilt; sichelförmiger Schnitt. Ich erwische die Buchstaben beim Vorbeiflug eines Grundstriches.

Meine Freunde, das Schiff sinkt, ich gehe unter, bin unterhalb des Wasserspiegels leckgeschlagen. Die Fahne hängt noch am Mast, aber überall brennt es, selbst unter Wasser. Der Anfang vom Ende.

Es ist mir gleich, ob meine Kanonenschüsse nicht treffen oder das Schiff sinkt. Ich werde kämpfend untergehen.

Besuch in dem kleinen Haus (von Monsieur B.), dort hinten.

Schon lange kein Morphium mehr genommen, seit der Bromeinnahme.

Drei reizende Stunden dort verbracht; die Spritze hat mich nicht allzu sehr erschüttert, dafür aufgeräumt, mitteilsam gemacht. Der ganze Nachmittag ein wenig schwerelos, wie absinthberauscht.

Mit Goncourt zu Abend gegessen, angeregtes Plaudern bis nach elf Uhr, befreiter Geist.

Schlechte Nacht, gegen drei Uhr aus dem Schlaf hochgefahren; keine Schmerzen, aber voller Anspannung und Angst vor dem Schmerz. Mußte nochmals Chloral einnehmen – ich benötigte dreieinhalb Gramm für die Nacht –, dann zwanzig Minuten gelesen.

Ich befinde mich in diesem Augenblick mit dem alten Livingstone im tiefsten Afrika, und die Eintönigkeit des endlosen, fast ziellosen Marsches, die ständigen Sorgen wegen des Luftdrucks, unregelmäßiger Mahlzeiten, das stille, unaufgeregte Vorbeiziehen grandioser Landschaften – all das ist für mich herrlicher Lesestoff.

Meine Vorstellungskraft begehrt fast nichts von dem Buch, nur einen Rahmen, in dem sie dahintreiben kann.

»Ich mache drei zusätzliche Löcher in meinen Gürtel und schnalle ihn dann enger«, sagt der gute alte Dummkopf an Hungertagen. Welch exzellenten Reisenden hätte ich in Zentralafrika abgegeben, ich, mit meinen eingesunkenen Rippen, der ewige Gürtel, den ich trage, Löcher des Schmerzes, das für immer verlorene Verlangen nach Essen.

Sehr eigenartig diese Angst, die mir der Schmerz gegenwärtig bereitet, zumindest dieser Schmerz jetzt. Er ist erträglich, und trotzdem *kann ich ihn nicht ertragen*. Er ist grausam; und der Ruf nach Betäubungsmitteln wie ein Hilfeschrei, ein weibisches Kreischen vor der eigentlichen Bedrohung.

Das kleine Haus in der Rue .... Ich denke daran. Lange wehre ich mich dagegen. Schließlich gehe ich hin. Seit der Ankunft eher erleichtert. Ruhe. Garten. Eine Amsel singt.

Keine Kraft mehr. Auf dem Boulevard Saint-Germain kommt mir von oben ein Wagen entgegen. Defekte Marionette. (Auch als ich einmal hinter Zézé herlaufen wollte, in einer Straße in Champrosay.)[7]

---

[7] Champrosay: Südlich von Paris, am Rande des Forêt de Sénart

Die Fahrbahn überqueren, was für eine Grausamkeit! Keine Sehkraft mehr, es ist unmöglich, zu rennen oder auch nur eilig zu gehen. Die Schrecken eines Achtzigjährigen – die kleinen makabren alten Frauen aus *Les Fleurs du Mal*.[8]

Gedanken an Selbstmord. – Begegnung mit N., und was er mir sagt, beschäftigt mich unablässig: ... »Zwischen

---

gelegenes Dorf. Zuerst lebte Daudet hier im ehemaligen Atelier des Malers Delacroix. Im Jahr 1887 kaufte er ein großes Haus, dessen Grundstück zu den Ufern der Seine abfiel. Goncourts erster Eindruck war der eines »entsetzlich bürgerlichen Anwesens«, in dem es »weder ein Gemälde noch einen Kupferstich noch Nippsachen« gegeben habe – »nicht einmal einen halbwegs exotischen Strohhut«. Trotzdem wurde Goncourt hier zu einem ständigen Besucher. Außerdem bewohnte die Familie Daudet nacheinander eine Reihe von Wohnungen in Paris.
Zézé: Daudets jüngerer Sohn Lucien (1879–1946), Maler, Schriftsteller und Figur des gesellschaftlichen Lebens. Lucien stand immer im Schatten seines energischen Bruders Léon. Er war eng mit Proust befreundet, der sich mit einem Journalisten duellierte, weil dieser angedeutet hatte, ihr Verhältnis sei homosexueller Natur. Später wurde er zum Gefährten der in die Jahre gekommenen, im Exil lebenden Kaiserin Eugénie, auch ließ er sich auf »unglückliche Beziehungen mit jungen Männern aus der Arbeiterklasse ein« (George Painter). Laut Prousts Haushälterin Céleste gehörte Lucien zu den wenigen Menschen, die Proust um ihrer selbst willen liebte – und nicht, um seinen Materialfundus zu bereichern.
8 Anspielung auf Baudelaires Gedicht *Les Petites Vieilles* aus dem Zyklus *Tableaux Parisiennes*, in dem es um »achtzigjährige Evas« geht, die sich in ähnlicher Weise wie »Marionetten« bewegen und ängstlich vor jedem vorbeiratternden Omnibus in Deckung gehen. »Sie trippeln, ganz wie Marionetten; schleppen sich wie wunde Tiere hin ...«

der ersten und der zweiten Rippe.« (Strychnin). – Man hat kein Recht dazu.⁹

Erinnerung. Schwäche.
Flüchtigkeit meiner Erinnerungen: Rauchschwaden gegen die Wand.

Effekt heftiger Empfindungen: jedesmal wie zwei Stufen auf einmal hinunter. In diesen Momenten fühlt man, daß man schwächer wird, im Zentrum des Lebens selbst, daß das schon so geringe Grundkapital angegriffen wird. Im letzten Jahr habe ich diesen sehr lebhaften Eindruck zweimal gehabt, einmal ganz besonders, und das aus einem so nichtigen, so lächerlichen Grund, ein stumpfsinniges Dienstbotendrama auf dem Land. Auch während des Duells Drumont-Meyer.¹⁰

---

9 »Daudet vertraut mir an, seine Frau habe vor drei oder vier Jahren tief in sein Herz geblickt und darin den Wunsch erkannt, allem durch Selbstmord ein Ende zu machen. Sie kam seiner Beichte zuvor und überzeugte ihn mit ihrem eloquenten Plädoyer, er möge es um ihretwillen und wegen der Kinder nicht tun, so sehr, daß er seine Absicht verwarf.« (Goncourt, 1. Dezember 1893)
10 Daudet und der Journalist Albert Duruy waren bei dem legendären Duell zwischen Edouard Drumont und Arthur Meyer, das am 24. April 1886 stattfand, Drumonts Sekundanten. Dieser hatte kürzlich, von Daudet ermuntert, *La France juive* publiziert, ein zweibändiges Werk, das in den Jahren vor der Dreyfus-Affäre großen Anteil daran hatte, daß der französische Antisemitismus immer mehr an Boden gewann. Theodore Zeldin spricht dem Autor »wissenschaftliche Beobachtungsgabe« ab und charakterisiert das Werk als eine »Anhäufung von Unwahrheiten mit vielen geklauten Passagen«. Einer der Leidtragenden war Arthur Meyer (1844–1924), seines Zeichens Gründer und Direktor der Tageszei-

tung *Le Gaulois*. 1869 hatte Carle des Perrières ein verleumderisches satirisches Porträt Meyers veröffentlicht, in dem er behauptete, dieser sei wegen Betrugs aus dem Kasino von Trouville hinausgeworfen worden. Meyer forderte ihn heraus und kämpfte in dem nachfolgenden Duell, laut Léon Daudet, »wie ein Löwe«. Siebzehn Jahre später wiederholte Drumont die Verleumdung, entweder aus Achtlosigkeit oder als Provokation, was von Meyer prompt mit einer weiteren Herausforderung quittiert wurde. Diesmal verstieß Meyer allerdings gegen die Etikette des Fechtens, als er mit seiner Linken das Schwert seines Gegners packte und Drumont sein eigenes in den Oberschenkel bohrte. Daudet riß sich wütend seinen Mantel vom Leib und bot Meyer an, auf der Stelle gegen ihn anzutreten.

In diesen Tagen waren Duelle häufig die zeitsparende Alternative zu langwierigen Verleumdungsklagen. Daudet, von seinem Naturell her kampflustig, hatte zu dieser Zeit bereits zwei Duelle hinter sich; selbst als er schon an Ataxie litt, hätte er beinahe noch zwei weitere ausgefochten. Im Jahr 1888 forderte er den Gründer von *L'Evènement* heraus, der in einem Artikel angedeutet hatte, Madame Daudet intrigiere, um Goncourts Vermögen erben zu können. 1891 wurde er von eben jenem Edouard Drumont herausgefordert, der sich (zu Recht) in *L'Obstacle* wiedererkannt hatte, einem Drama Daudets, in dem er das Thema erblichen Wahnsinns behandelte. Daudet erklärte sich schuldig und schlug vor, daß sie sich in Anbetracht seines schlechten gesundheitlichen Zustands doch besser in Champrosay im Sitzen duellieren sollten. Schließlich unterzeichnete er eine Erklärung, in der er zu Protokoll gab, Drumonts Vater sei der geistig gesündeste Mensch gewesen, der je auf diesem Erdball gelebt habe, und damit war die Geschichte erledigt.

Später versöhnten sich Drumont und Meyer, nachdem letzterer erklärt hatte, selbst ein Anti-Dreyfusard zu sein. *La France juive* verkaufte sich beschämend gut: bereits im ersten Jahr wurden 100 000 Exemplare abgesetzt. Bis zum Jahr 1912 gab es zweihundert Ausgaben. Auch im Jahr 1943, als die Franzosen ihren Anteil an Juden in die deutschen Vernichtungslager schickten, wurde das schändliche Traktat erneut wiederveröffentlicht, und zwar von den Éditions Flammarion.

Und jedesmal habe ich auf meinem Gesicht und überall an meinem Körper dieses Gefühl einer merkwürdigen Aushöhlung verspürt, wie die Arbeit eines Messers, ausgeübt an meiner traurigen Gestalt.

Duruy sprach zu mir von seiner Betroffenheit über den Verfall meiner Gesichtszüge, auf dem Duellierplatz, inmitten dieses Dramas. Eine Aushöhlung, die bleibt.

Worin besteht der Schneid eines Mannes? Nehme ich heutzutage eine Droschke, dann beunruhigen und ängstigen mich schon ein scheuender Gaul, ein schnapsseliger Kutscher.

Seit meiner Krankheit kann ich es nicht mehr mit ansehen, wenn sich meine Frau[11] oder meine Kinder aus dem Fenster lehnen. Und wenn sie sich einer Brüstung, einem Geländer nähern, zittern sofort meine Füße, meine Hände. Bangigkeit, Erbleichen. (Erinnerung an den Pont-du-Diable, in der Nähe von Villemagne.)

---

11 Julia Daudet, geborene Allard (1844–1940), selbst Schriftstellerin und gelegentliche Mitarbeiterin ihres Mannes. Goncourts erster Eindruck war, daß sie die eigentliche Künstlernatur im Haushalt Daudet war, nicht ihr Ehemann; außerdem hielt er sie für die belesenste Frau, die ihm je begegnet war. »Eine große Künstlerin«, kommentierte er, als sie ihm Passagen aus ihrem Buch *Mères et Enfants* vorlas. Jules Renard, der Julia Daudet im Jahr 1891 kennenlernte, hielt sie für »künstlerischer« als sich selbst – »la femme d'art par excellence«. Ihr von Renoir gemaltes Porträt hängt im Musée d'Orsay.

… Der Tag, an dem der *Schmerz* in mein Leben getreten ist.

Orte, wo ich gelitten habe. Abendgesellschaft bei den Z. Der Mann am Klavier singt: *Gamahut, écoutez-moi donc.* Bleiche Gesichter, blutleer. Ich plaudere, ohne zu wissen, was ich sage. Durch die Salons geschlendert. Madame G. begegnet, einer unglücklichen Frau, deren schmerzliche und beklagenswerte Geheimnisse ich kenne. Frauen sind heroisch genug, um auf Gesellschaften, ihrem Schlachtfeld, zu leiden.

Jeden Abend fürchterliche Thoraxspasmen. Ich lese lange, im Bett sitzend – die einzige erträgliche Position; armer alter verwundeter Don Quichotte, auf dem Hintern in seiner Rüstung, am Fuß eines Baumes.

Nur noch Rüstung, grausam um die Lenden mit einer stählernen Gürtelschnalle gepreßt – Glutdornen, spitz wie Nadeln. Dann das Chloral, das Klappern meines Löffels im Glas, das Ausruhen.

Monatelang hält mich dieser Harnisch fest, den ich nicht habe loswerden können, kein Durchatmen.

Nachts durch die Flure irrend, ich höre es von vielen Türmen vier Uhr schlagen, von vielen Wanduhren, nahen oder fernen, und das zehn Minuten lang.

Warum nicht alle zur gleichen Zeit? Gründe dafür fallen mir reichlich ein. Letztlich unterscheiden sich unsere Leben sehr voneinander, die Zeitabstände machen es sinnbildlich.

Die benachbarte Kaserne.[12] Gesunde, junge und kräftige Stimmen. Hell erleuchtete Fenster die ganze Nacht. Weiße Flecken am Ende des Korridors.

Wie ich gestern abend gelitten habe – die Ferse und die Rippen! Die Qual ... keine Worte, um das auszudrükken, es bedarf lauter Schreie.

Die im Schmerz (wie auch in der Leidenschaft) liegende Wahrheit, können Worte sie wirklich fassen? Sie fließen erst wieder, wenn alles vorbei ist, wenn die Dinge sich wieder beruhigt haben. Sie sprechen nur von Erinnerung, kraftlos oder unwahr.

Keine allgemeine Theorie vom Schmerz. Jeder Patient legt sich seine eigene zurecht, und das Übel verändert die Tonlage, wie die Stimme eines Sängers, je nach der Akustik des Saales.[13]

---

12 Die *caserne Bellechasse* (zu dieser Zeit lebte Daudet in der Rue Bellechasse).
13 In *Contre Sainte-Beuve* beschreibt Proust, wie er Daudet bei ihrer persönlichen Begegnung kaum in die Augen blicken konnte: »Ich wußte, daß er schon seit Jahren so heftig litt, daß er sich mehrmals am Tag Morphium spritzen mußte. Sobald er sich schlafen legt, werden seine Schmerzen unerträglich, und jeden Abend schluckt er eine Flasche Chloral, um einzuschlafen. Ich konnte nicht verstehen, wie er dessenungeachtet weiterhin produktiv sein konnte. Vor allem erinnerte ich mich, wie sehr gewisse neben den seinen so schwache Leiden, daß er sie gewiß als Erleichterung empfunden hätte, mich gleichgültig gemacht hatten gegen die anderen, gegen das Leben, gegen alles, was nicht mein unglücklicher Körper war, dem mein Geist beharrlich zugewendet blieb, wie ein Kranker im Bett mit dem Gesicht zur Wand zugewendet bleibt.« Proust war überrascht und beeindruckt von der Art und Weise, wie Daudet, »dieser wundervolle kranke Mann«, sich weiterhin ans Leben und

Das Morphium. Seine Folgen für mich. Immer häufiger Übelkeit.

Schreiben manchmal unmöglich, so sehr zittert die Hand, besonders wenn ich stehe.
(Tod Victor Hugos, Eintrag ins Kondolenzbuch. Von Leuten umringt, angestarrt – schrecklich. Auch neulich beim Crédit Lyonnais in der Rue Vivienne.)

Der Geist noch immer klar, aber die Fähigkeit, Mitgefühl zu empfinden, stumpft ab. Früher war ich ein besserer Mensch.[14]

Mein Schatten an der Seite macht mich beim Gehen sicherer, ich gehe sogar besser, wenn jemand neben mir ist.

Manchmal frage ich mich, ob ich mir nicht den Impfstoff Pasteurs verabreichen lassen sollte, so sehr erinnern mich

---

an die Literatur klammerte. Einmal verließ Daudet den Raum – zweifellos, um sich eine Morphiumspritze zu setzen –, was ihn aber nicht davon abhielt, die Unterhaltung durch die offene Tür fortzusetzen. Als er zurückkam, standen ihm Schweißperlen auf der Stirn, doch laut Proust verbreitete er »die Ruhe des Sieges«.
14 »Eine Nervenkrankheit hat die Macht von zwei Leiden, sie potenziert, wie es ein Mathematiker ausdrücken würde, sowohl die guten Eigenschaften des Kranken wie auch seine Fehler. Sie verschärft sie, spitzt sie an wie Bleistifte, wie mein Vater zu sagen pflegte. Der Geizkragen wird zu einem extremen Geizkragen, der Eifersüchtige überholt Othello, die Passion eines Verliebten wird zur Raserei ... Andererseits nimmt der Altruismus nobler, großzügiger und selbstloser Seelen noch weiter zu, entwickelt sich fast zur Güte eines Heiligen. So war es bei Alphonse Daudet.« (Léon Daudet, *Devant la Douleur*)

diese stechenden Schmerzen, diese Verrenkungen, diese fürchterlichen Anfälle, diese Erstickungskrämpfe an die Tollwut.

Ja, der Höhepunkt der Nervenkrankheit, die oberste Sprosse, ihre Krönung – die Tobsucht.

Nervös, übelgelaunt seit dem Morgen. Dann spielt mir Julia Zigeunermusik vom Blatt vor. Draußen Gewitter, Graupelschauer, Donnerschläge – Beruhigung.

Für einen Augenblick davon erdrückt, mich als schlichtes Barometer zu sehen, in Glas gesteckt, mit einer Skala versehen. Ich tröste mich mit dem Gedanken, daß in *diesem* Barometer die atmosphärischen Einflüsse etwas anderes bewirken als einen Anstieg von Quecksilber. So viele Gedanken gehen mir durch den Kopf, und ich habe ein oder zwei kleine menschliche Gesetzmäßigkeiten entdeckt – jene, die man besser für sich behält.

Vorsichtig zur Arbeit zurückgefunden. Sehr zufrieden mit dem Zustand meines Gehirns. Immerfort Ideen, auch die Sätze fließen ziemlich mühelos, aber – so scheint mir – mehr Mühe beim Zusammenführen. Vielleicht auch mangelnde Gewohnheit, denn seit sechs Monaten steht die Fabrik still, und die hohen Schornsteine qualmen nicht mehr.

Unsere Wünsche schränken sich in dem Maß ein, wie der Raum sich verengt. Heute erwarte ich nicht mehr, wieder gesund zu werden – nur noch, meinen jetzigen Zustand aufrechtzuerhalten.

Wenn man mir das letztes Jahr gesagt hätte.

Die Brombehandlung mindert Depression und Gedächtnisverlust, verliert aber leider auch ihre heilende Wirkung

Seit einiger Zeit, nach einer dank des Chlorals gut durchschlafenen Nacht, bin ich beim Erwachen müde, ebenso nervös wie früher, als ich noch unter Schlaflosigkeit litt.

Große Flecken wie Schminke, Folgen des Chlorals.

Morphiumnächte wiegen einen in göttlicher Weise, aber kein Schlaf.
 Erwachender Garten, die Amsel: ihr Gesang bildet sich auf der fahlen Fensterscheibe ab, wie mit der Schnabelspitze gezeichnet, geträllert!

Morphiumabende, Wirkung des Chlorals. Erebos,[15] die schwarze Flut, undurchsichtig, nicht mehr der Schlaf in der Blüte des Lebens, das Nichts. Was für ein Bad, welche Wonnen, wenn man dort eintritt! Sich erfaßt fühlen, umhüllt sein.
 Am Morgen stechende Schmerzen, doch der Geist klar, vielleicht schärfer als zuvor – oder ganz einfach ausgeruht.

---

15 Ein Ort der Finsternis zwischen Erde und Hades.
Im Jahr 1895 antwortete Daudet auf eine Umfrage, die ein gewisser Dr. Lacassagne unter Prominenten durchführte. Daudet gab zu Protokoll, seit fünf oder sechs Jahren Schlaf nur noch mithilfe von Narkotika gefunden zu haben, wodurch ihm aber auch die Träume abhanden gekommen seien.

Schlafversuche ohne Chloral. Lider geschlossen. Links und rechts tun sich Abgründe auf. Kurzschlaf von fünf Minuten, angsterfüllt in einem Strudel von Albträumen, Hinabstürzen – Schwindel, der Abgrund.

Der immer neue Schmerz für den, der leidet und der sich seiner Umgebung zuliebe normal gibt. Alle werden sich daran gewöhnen, nur ich nicht.

Gespräche mit Charcot! Lange habe ich mich geweigert, mit ihm zu reden; eine Unterhaltung, die mir schon vorher angst machte. Wußte, was er sagen würde: »Ich passe bis zum Ende auf Sie auf.«
  Beeindruckender Geist, keine Überheblichkeit gegenüber dem Literaten. Seine Beobachtungsgabe: große Ähnlichkeit mit meiner, glaube ich.

Mittagessen mit Charcot, nettes Geplauder an einem Sommertag. Die vollendete lateinische Rasse, sonnengebräunt.
  Oh, diese Sonne! – Das Rückgrat ist danach wie geschmolzenes Zuckerrohr. Doch der Norden hat den Alkohol und verbrennt sich damit.[16]

---

16 Jean Martin Charcot (1825–1893), Pionier auf dem Gebiet der Neurologie, der die Nervenkrankheiten klassifizierte, außerdem Psychotherapeut, brillanter akademischer Lehrer und Kliniker. Charcot war berühmt für sein Talent, Ticks, Zuckungen, Steifheit und andere Symptome mimisch und gestisch nachzuahmen. Freud arbeitete im Jahr 1885 mit ihm zusammen und übersetzte seine Vorlesungen ins Deutsche.
Für Léon Daudet war Charcot von seinen diagnostischen Fähig-

Verschiedene Arten des Schmerzes.
Manchmal unter dem Fuß, wie eine Schnittwunde, winzig klein – ein Haarriß. Oder aber Stiche eines Taschenmessers unter dem Zehennagel. Die Qualen »spanischer Stiefel«[17] an den Knöcheln. Spitze Rattenzähne, an den Zehen nagend.

---

keiten und seiner Beobachtungsgabe her ein Genie, ein Mann von außerordentlicher Belesenheit und »strenger Weisheit«, dessen Anamnesen und Diagnosen so präzise wie eine Zeichnung von Ingres gewesen seien. Nachsicht gegenüber den Menschen suchte man bei Charcot vergebens (sein tiefempfundenes Mitleid galt den Tieren). Er fand die Krankheit interessanter als den Patienten und »beobachtete die Fehlfunktionen der menschlichen Maschine wie ein Astronom die Bewegungen der Sterne«. Edmond de Goncourt fand, Charcot habe »die Physiognomie eines Visionärs und eines Scharlatans«. Außerdem habe er sich die Schläfen rasiert, um »seinen Kopf wie den eines Denkers« zu stilisieren. Tatsächlich war die ganze Familie Charcot eine Kollektion von »Verrückten, denen der ständige Kontakt mit Nervenleidenden« nicht gut bekommen war.
Mary Trivas (siehe S. 96 f.) hält Daudets Eintrag über die Sonne und das Rückgrat für eine Spiegelung von Charcots vorläufiger und vorsätzlich beschönigender Diagnose, die sie »eine feurige und poetische Ätiologie« nennt. Diese These scheint plausibel: Obwohl Charcot nicht gerade für sein Taktgefühl bekannt war, hat er doch mit Sicherheit Daudets ursprüngliche Bewunderung erwidert. Die Gespräche mit dem Romancier gaben ihm das Gefühl, als lege man ihn »unter ein Objektiv«. Außerdem wollte Charcot Medizin und Literatur zusammenbringen. Deshalb gründete er eine »Psychophysiologische Gesellschaft«, zu deren Mitgliedern der Historiker, Philosoph und Kritiker Hippolyte Taine und der Historiker Ernest Renan gehörten. Die Gesellschaft kam einige Male zusammen, ohne daß sich daraus ein nennenswerter geistiger Gewinn ergeben hätte.
17 Fr. *brodequins en bois*, eine Spielart der Folter, bei der Holzplanken an die Seiten der Beine gebunden und die Stricke dann

Und in all diesem Leiden ständig den Eindruck einer Rakete, die steigt, steigt, um im Kopf zu explodieren: »Processus«, sagt Charcot.

Unerträgliche Schmerzen in der Ferse, die sich beruhigen, wenn ich das Bein bewege. Stunden, halbe Nächte lang meine Ferse in der Hand.

Drei Monate später.
Ich gehe wieder in die Duschräume. Ein neuer eigenartiger Schmerz, wenn man mich danach abtrocknet und meine Beine abreibt. Es sind die Nackensehnen – die rechte Seite beim Abreiben des linken Beins und die linke Seite beim rechten Bein. Eine zermürbende Tortur, zum Losschreien.

Die aufgezogene Spritze: Warteraum des Zahnarztes.[18]

Kein Gefühl mehr im Bein, leblos rutscht es weg. Manchmal auch ein unfreiwilliger Hüpfschritt.

---

durch das Eintreiben von Keilen festgezurrt wurden, bis die Beine durch den Druck zermalmt wurden.
18 »Heute abend hat er mir von den interessanten Seiten erzählt, die er über seine Besuche bei seinem Schwiegervater schreiben will, der ihm die Spritzen setzt. Er beschrieb die schrecklichen Qualen, die er auf dem Weg zu ihm durchstehen muß, dann die Ruhe, die ihn überkommt, wenn er da ist – es ist wie beim Zahnarzt, wenn ihn die alte Haushälterin in jenes Land der friedlichen Ruhe geleitet. Dann erzählte er von dem träumerischen Zustand, in dem er nach Hause zurückkehrt, wie nach dem Genuß von Haschisch.« (Goncourt, 20. Mai 1886)

Erdbeben oder schwankendes Schiffsdeck. Unbeholfene Geste, die Beine verheddern sich, die ausgestreckten Arme suchen Halt. Begrenzte Anzahl solch unbeholfener Gesten.

Ständig an den Willen appellieren, wegen der einfachsten, normalsten Dinge, gehen, sich erheben, sich setzen, aufrecht stehen, einen Hut ziehen oder wieder aufsetzen. Wie schrecklich das ist! Das einzige, worauf der Wille keinen Einfluß ausübt, ist die ständige Bewegung der Gedanken. Gleichwohl wäre es so gut, sie anhalten zu können; aber nein, die Spinne spinnt und spinnt, Tag und Nacht, ohne Unterbrechung, außer für ein paar Stunden, nach der Einnahme von Chloral. So hat Macbeth Jahr um Jahr den Schlaf niedergekämpft.

Überallhin dringt der Schmerz vor, in meine Wahrnehmung, meine Gefühle, mein Urteilsvermögen: eine Infiltration.

Langes Gespräch mit Charcot.
 Es ist so, wie ich dachte. Ich habe es fürs Leben.
 Versetzte mir nicht den Schlag, den ich hätte erwarten müssen.[19]

---

19 Charcot war berühmt-berüchtigt für seine unverblümte Ausdrucksweise gegenüber seinen Patienten und deren Familien. Madame Daudet wurde zornig über die brutale Art und Weise, in der er ihr klarmachte, daß ihr Mann »unheilbar krank« sei. Einmal äußerte Charcot gegenüber einem Patienten: »Ihre Lage ist die eines Mannes, der in der Scheiße sitzt, während sich über seinem Kopf ein Säbel hin- und herbewegt. Sie können entweder ganz in die

»In jedem Augenblick meines Lebens.« Ich kann jeden Moment meines Schmerzes datieren wie Mademoiselle de Lespinasse jeden Moment ihrer Liebe datierte.[20]

Seit ich weiß, daß es für immer ist – bei Gott, ein nicht sehr langes für immer! –, richte ich mich darauf ein und trage von Zeit zu Zeit diese Notizen mit der Spitze eines Nagels und einigen Tropfen meines Blutes auf die Wände des *carcere duro*.[21]

Ich bitte nur darum, die Zelle nicht wechseln zu müssen, nicht hinabsteigen zu müssen in ein *in pace*, dort

---

Scheiße eintauchen oder sich enthaupten lassen.« Wenn Charcot ausnahmsweise einmal taktvoll sein wollte, konnte es vorkommen, daß er schlimme Diagnosen in lateinischer Sprache zum besten gab.
20 Madame de Lespinasse (1732–1776) führte einen bekannten Salon und war mit den Enzyklopädisten befreundet. In Erinnerung geblieben ist vor allem ihre verzweifelte, an die in ihre Leidenschaften verstrickten Charaktere Racines erinnernde Liebe zu dem unwürdigen Monsieur de Guibert. Der Kritiker Sainte-Beuve nannte ihre Briefe an ihn »eines der seltsamsten und erinnerungswürdigsten Denkmäler einer Leidenschaft«. Die von Daudet zitierte Stelle stammt aus einem nur zweizeiligen Brief, der lautet: »De tous les instants de ma vie (1774). Mon ami, je souffre, je vous aime, je vous attends.« Der Zufall will es, daß auch Madame de Lespinasse einst in der Rue Bellechasse wohnte und daß sie Opium gegen ihre Schmerzen nahm (in ihrem Fall gegen die Schmerzen einer unerfüllten Liebe).
21 »Strenger Kerker«. Der italienische Ausdruck wird speziell mit der Einkerkerung der Patrioten des Risorgimento in Verbindung gebracht. Möglicherweise hatte Daudet das angeblich populärste italienische Buch des 19. Jahrhunderts gelesen, Silvio Pellicos *Le mie prigioni*, in dem der Autor seine fünfzehnjährige Haft im *carcere duro* unter den Habsburgern beschreibt.

unten, wo es dunkel ist, wo es keine Gedanken mehr gibt.

Und nicht ein einziges Mal, weder beim Arzt noch unter der Dusche noch in den Heilbädern, wo die Krankheit behandelt wird, ihren Namen, ihren wirklichen Namen ausgesprochen, »Knochenmarkerkrankung!« Selbst in der wissenschaftlichen Literatur wird sie dem »Nervensystem« zugeordnet!

Il Crociato. Die Kreuzigung, ja, das war es, in der letzten Nacht. Die Marter des Kreuzes, Verdrehung der Hände, der Füße, der Knie, die Nerven bis zum Zerreißen gespannt. Der grobe Strick läßt den Körper bluten, Lanzenstiche in die Seiten. Um meinen Durst zu lindern, ein Löffelvoll Bromjodid mit dem Geschmack nach bitterem Salz auf meine brennenden Lippen, die aufgesprungen, ausgetrocknet, vom Fieber verkrustet sind: es war der mit Essig und Galle befeuchtete Schwamm.[22]

Dann stellte ich mir ein Gespräch über den Schmerz vor, zwischen Jesus und den beiden Schächern.

Mehrere Tage der Ruhe. Zweifellos aufgrund der Brombehandlungen und der wunderbar warmen letzten Junitage.

Qualvolle Stunden am Bett von Julia ... Zorn darüber, daß ich mich zu zerstört, zu schwach fühle, um sie zu

---

22 Im Jahr 1893 malte Eugène Carrière ein Porträt von Daudet, das Goncourt am 31. Dezember des Jahres mit den Worten »Daudet am Kreuz, Daudet auf dem Berg Golgatha« charakterisierte.

pflegen, aber ich bin nach wie vor dazu fähig, Mitleid und Zärtlichkeit zu empfinden, mit meinem Herzen Qualen zu teilen ... Sehr glücklich darüber, trotz der heute zurückgekehrten entsetzlichen Schmerzen.[23]

Analyse des Schlafes, der der Einnahme von Chloral folgt. – Es ist zu Ende, eine Felsspitze, die ich nicht mehr werde erklimmen können.

Zum Beispiel zwanzig köstliche Minuten zwischen den beiden Einnahmen von Chloral. Lektüre, die ich sorgfältig auswähle, nur das allerbeste.[24] – Ungewöhnliche Klarheit des Geistes.

Zwei Tage heftigen Leidens.

Krämpfe im rechten Fuß mit Ausstrahlung bis in die Seiten. Ziehen an allen Fäden der Instrumente von einem Einmannorchester. Der Gang nach Draveil,[25] Fäden am Ellenbog, Fäden am Fuße ... Das Einmannorchester der Schmerzen, das bin ich.

Der Schmerz führt ein Eigenleben. Die Krankheit macht große Anstrengungen, um zu überleben. Man sagt: »Der Natur ihren Lauf lassen.« Aber der Tod ist genauso Bestandteil der Natur wie das Leben. Überlebenskraft und

---

23 Als Madame Daudet gegen Ende des Jahres 1890 erkrankte, glaubte sie sich dem Ende nah. Tatsächlich sollte ihr noch ein halbes Jahrhundert beschieden sein.
24 Laut Goncourt (14. November) las Daudet 1890 nachts »Montaigne, Rabelais, Pascal, Shakespeare und Goethe«.
25 »Sur la route de Draveil, ficelles aux coudes, aux pieds ...« Draveil liegt ein paar Kilometer nördlich von Champrosay.

Zerstörungswillen bekämpfen sich in uns und sind gleich stark. Ich kenne erstaunliche Beispiele für die Geschicklichkeit, mit der eine Krankheit sich fortpflanzt. Die Liebe zweier Schwindsüchtiger, sich leidenschaftlich umklammernd. Die Krankheit scheint sich zu sagen: »Welch schönes Paar.« Und das morbide Produkt, das daraus hervorgehen könnte!

Das Wort der Krankenpfleger: »Eine schöne Wunde ... Die Wunde ist herrlich.«

Man könnte glauben, sie sprächen von einer Blume.

Gestern abend gegen zehn Uhr ein oder zwei Minuten entsetzlicher Angst in meinem Arbeitszimmer.

Ziemlich ruhig schrieb ich an einem bedeutungslosen Brief – ein sehr weißes Blatt, das ganze Licht einer englischen Lampe darauf konzentriert, aber das Arbeitszimmer, der Tisch in Dunkelheit getaucht.

Ein Hausangestellter trat ein, legte ein Buch irgendwo auf den Tisch. Ich hob den Kopf, und von diesem Augenblick an war ich für zwei oder drei Minuten aller Wirklichkeit entrückt. Ich mußte reichlich dumm ausgesehen haben, denn der Hausangestellte nahm mein ratloses Gesicht als Frage und erklärte mir, weshalb er gekommen war. Ich habe seine Worte nicht verstanden und erinnere mich auch nicht mehr an sie.

Das Schlimme war, daß ich auch mein Arbeitszimmer nicht wiedererkannte: ich wußte, daß ich dort war, aber ich hatte jeden Sinn für diesen Ort verloren. Ich mußte aufstehen, mich orientieren, mich an den Bücherwänden, den Türen entlangtasten, mir sagen: »Dort tritt man ein.«

Nach und nach fing mein Gehirn wieder an zu arbeiten, meine geistigen Kräfte kehrten zurück. Aber ich erinnere mich an den lebhaften Eindruck von dem Briefpapier, auf dem ich schrieb, strahlend weiß auf der schwarzen Schreibtischplatte.

Eine Art von hypnotischem Effekt und von Müdigkeit.

Während ich dies hier heute morgen in aller Eile niederschreibe, erinnere ich mich, daß ich vor zwei Jahren in einem Wagen für einige Augenblicke die Augen schloß und mich plötzlich auf hellerleuchteten Quais in einem Paris wiederfand, das ich nicht kannte. Den Körper weit aus dem Wagenschlag gelehnt, starrte ich auf den Fluß und die grauen Häuserzeilen gegenüber, ein Geruch von Angstschweiß umgab mich. Plötzlich, beim Einbiegen auf eine Brücke, erkannte ich den Justizpalast, den Quai des Orfèvres, und der böse Traum verschwand.

Neuropathie. Unmöglich, einen Umschlag zu beschriften, wenn ich weiß, daß er von allen gesehen und betrachtet wird, aber ich kann ganz nach Belieben meine Feder in die Verschwiegenheit eines Tagebuchs lenken.

Veränderung meiner Handschrift ...

Heute nacht hüpft der Schmerz hierhin und dorthin, wie ein kleiner *Vogel-Kobold*, verfolgt von der Nadel meiner Spritze, über meine Glieder, direkt in die Gelenke hinein; nicht getroffen, dauernd ihr Ziel nicht getroffen, und der Schmerz wird ständig schlimmer.

Zwei oder drei Beispiele, wie die Wirkung des Morphiums durch das Antipyrin besiegt worden ist. Fulgurationen im Fuß, von einem Fuhrwerk zerquetschte Muskeln, Lanzenstiche im kleinen Finger.

Epigraph: *Dictante dolore.*[26]

In meinem armen ausgehöhlten, von der Anämie entleerten Gerippe tönt der Schmerz wie die Stimme in einer Wohnung frei von Möbeln oder Tapeten. Tage, lange Tage, an denen es nichts Lebendiges in mir gibt als das Leiden.

Nachdem ich zu viel Acetanilid genommen habe – was die Lippen blau färbt, das geschundene Ich vernichtet –, habe ich nunmehr ein ganzes Jahr mit Antipyrin hinter mir. Zwei oder drei Gramm am Tag. Alle acht oder zehn Tage Morphium in kleinen Dosen. Freudlos, das Antipyrin, und seit einiger Zeit mit grausamen Auswirkungen auf Magen und Darm.[27]

Aufhängung. Der Seyre-Apparat.

---

26 »Vom Schmerz diktiert«. Bei Ovid als *dolor dictat* nachzuweisen, bei Silius Italicus findet sich die Variante *dolor verba aspera dictat*.
27 Acetanilid: wurde als Analgetikum und Antipyretikum eingesetzt. Mit von dem Medikament blaugefärbten Lippen teilte Daudet Goncourt mit: »Mein Arschloch dient nicht mehr dazu, etwas aus dem Körper auszuscheiden, sondern scheint vielmehr alles aufsaugen zu wollen. Es ist wie eine Krake. Wenn ich einen Einlauf bekomme, habe ich Angst, das ganze Gerät zu verschlingen. Und im Moment produziere ich nicht einmal mehr kleine Ziegenkötel, nur noch Vogelscheiße, und von Zeit zu Zeit eine sehr kleine Lakritzstange.«

Diese Streckungen armer Tabetiker abends bei Keller sind trostlos. Den Russen hängt man in einer Sitzposition auf. Zwei Brüder; der kleine Schwarzhaarige zappelt herum.

Ich hänge bis zu vier Minuten in der Luft, davon zwei nur an einem Kiefergurt baumelnd. Die Zähne tun sehr weh. Wenn man mich beim Herunterlassen wieder losbindet, entsetzliche Schmerzen in der Rückengegend und im Nacken, als würde mein ganzes Rückenmark schmelzen. Ich kann mich zunächst nur hinkauern und mich dann ganz langsam aufrichten, in dem Maß – so scheint es mir – wie das in die Länge gezogene Rückenmark wieder an seinen alten Platz zurückkehrt.

Keine spürbare Linderung.[28]

Dreizehn Aufhängungen. Dann Spucken von Blut, was ich auf den Andrang während der Behandlung zurückführe.

---

28 Die Seyre-Aufhängung war eine neue Behandlungsmethode für an Ataxie Leidende, die Charcot aus Rußland importiert hatte. Ihr Sinn war, die Wirbelsäule zu strecken und die Gelenke zu lokkern. Daudet erzählte Goncourt, die Aufhängungen fänden in dunklen Ecken der Bäder statt, nach Feierabend, unter Aufsicht des Hydrotherapeuten Dr. Keller. Seine Schilderung der im Dämmerlicht vollzogenen Aufhängungen ließ Goncourt an Goya denken. – Zur Wirksamkeit dieser Behandlungspraxis: Später in diesem Jahr (1889) hält Goncourt den Fall eines an Ataxie Leidenden fest, der nach der zweiten Aufhängung seine Arme und Beine wieder normal bewegen konnte. Dieser habe sich »wie verrückt gefreut«, weil er endlich wieder dem Zeitungsverkäufer drei Sous für den *Figaro* in die Hand drücken konnte. Leider scheint der Mann die Ausnahme von der traurigen Regel gewesen zu sein.

Alles entschwindet. Die Nacht umhüllt mich ...
Adieu Frau, Kinder, die Meinen, Herzensdinge ...
Adieu ich selbst, das liebe Ich, so verschwommen, so getrübt ...

Im Bett. Durchfallerkrankung. Zwei Morphiuminjektionen am Tag, ungefähr zwanzig Grad. Nicht mehr möglich, mich zu entwöhnen. Mein Magen hat sich ein wenig angepaßt; bei fünf, sechs Tropfen übergebe ich mich nicht mehr, aber ich kann nicht mehr essen. Bin gezwungen, weiterhin Chloral einzunehmen.

Vorher Morphium genommen, ausgezeichneter Schlaf. Aber wenn ich mir nachts, nach dem Chloral, eine Spritze setze, finde ich keinen mehr. Ruhelosigkeit, alle Gedanken in Aufruhr, rasende Abfolge von Bildern, Plänen, Themen – Laterna magica. Am nächsten Morgen Rauchschwaden im Kopf, Schüttelfrost setzt ein.

Jede Injektion unterbindet den Schmerz für drei oder vier Stunden. Danach kehren die »Wespen« zurück, Dornenstiche hier und da gehen dem grausamen, andauernden Schmerz voran.

Verblüffung und Freude andere kennenzulernen, die genauso leiden wie man selbst. Duchesne de Boulogne weckte eines Abends den alten Privat: »Sie sind alle Tabetiker!«[29]

---

29 Duchesne (oder Duchenne) de Boulogne, bekannter Neurologe, Pionier des Einsatzes der Elektrizität in der Medizin, erkannte als erster den Zusammenhang zwischen Syphilis und Ataxie. Er wurde nach Lamalou eingeladen (siehe S. 73) und zwar von

Die Geschichte von X. erscheint mir heute herzzerreißend. Die Dunkelheit, in der er lebte mit seiner »Knochenmarkerkrankung«, die er überall hinschleppte, ohne daß irgend jemand in der damaligen Zeit davon etwas verstand. »Oh, dieser X.«, sagte man, »ein eingebildeter Kranker.« Gespött aller, die ihm nahestanden, mit seinem Klistier, seinem bonbonfarbenen Einlauf etc.

S. behauptet, das Brom stelle ihn ruhig, mache ihn vernünftig, zu einem Besserwisser, zu einem Prudhomme.[30]

Dr. Privat, der den modernen Kurort sowohl unter medizinischen als auch kommerziellen Aspekten gegründet hatte. Léon Daudet berichtet, wie Duchenne de Boulogne eines Abends in Lamalou eintraf, am nächsten Morgen aus dem Fenster blickte und eine so vollständige Liste aller klassischen Symptome unter seinem Fenster vorbeidefilieren sah, daß er ins Schlafzimmer seines Gastgebers stürmte, ihn aufweckte und schrie: »Sie leiden alle an Ataxie, sie gehören mir. Ich werde sie alle befragen, jeden einzelnen von ihnen.«
In *La Doulou* verwendet Daudet die Begriffe *ataxie* und *ataxique* (letzteren als Adjektiv und Substantiv) statt der in medizinischer Hinsicht präziseren Termini *tabès* und *tabètique*. Tabes (genauer: Tabes dorsalis) bezeichnet das Krankheitsstadium, in dem das Nervensystem betroffen ist, was sich äußerlich am sichtbarsten als Ataxie manifestiert. Für Daudet schließt Ataxie Tabes mit ein. (Julian Barnes folgt in seiner englischen Übersetzung von *La Doulou* dem Wortgebrauch Daudets; da das Deutsche das Substantiv Ataktiker nicht kennt, verwenden wir den ohnehin korrekteren Begriff *Tabetiker*. A. d. Ü.)
30 Joseph Prudhomme, ein von dem Schriftsteller und Karikaturisten Henri Monnier erfundene Figur, die sich durch selbstzufriedene Mittelmäßigkeit auszeichnet und abgedroschene Platitüden von sich gibt.

Das Leben seines Vaters, der im Stehen aß, ständig unterwegs war, hier und da etwas von den Tellern pickte, die rundum im Eßzimmer aufgestellt waren.

Traf X. und seinen Patienten am Bahnhof. Alle Symptome. Das Gesicht dieses so reichen Mannes. Hat sich zu Hause Handgriffe anbringen lassen, an denen er sich festklammert, wenn ihn eine Krise befällt. Schläft im Stehen, wie ein Pferd vor seiner Futterkrippe.

Häufig an diesen Mann gedacht, als ich *L'Évangeliste* schrieb, verband das Bild dieses Menschen mit einer Schienenlandschaft, einem Zug, der heranrast, dem Schnellzug, dem Haus von D. R., das zu sehen war.[31]

---

31 *L'Evangeliste*, ein unter künstlerischen Gesichtspunkten eher leichtgewichtiger, dafür aber thematisch bissiger Roman, in dem es um die schädlichen Auswirkungen der evangelischen, durch das große Geld unterstützten Kirche geht. Die (protestantische) Evangelistin des Titels ist Madame Autheman, die im Dienste Gottes jedes einzelne Leben deformiert, mit dem sie in Berührung kommt. Ihr Ehemann, ein konvertierter jüdischer Bankier, leidet unter einem großen, entstellenden Muttermal auf der Stirn, das er mit einem schwarzen Tuch verdeckt. Daudet spricht von einem »scheußlichen ererbten Naevus«. Doch damit nicht genug: Der Bankier sieht sich im Herzen seiner Frau von einem besonderen Rivalen ausgestochen – dem Herrn. Von Liebe und Sex abgeschnitten und von seinem Naturell her nicht in der Lage, sich mit Prostituierten zu trösten, entschließt sich Autheman zum Selbstmord. Zuvor hat er davon geträumt, auf einer Bahnstrecke zu schlafen, das entstellende Muttermal gegen den kalten Stahl des Gleises gepreßt; jetzt wirft er sich unter den abendlichen Schnellzug, in Sichtweite des großen Landhauses seiner Frau. Daudet widmete den Roman Charcot.

X. spricht mit mir über seinen Schwiegervater. Die Tochter wacht acht Jahre bei dem Kranken, Tag und Nacht, wäscht ihn, dreht ihn um; Fuß- und Fingernägel etc. Gab ihr Leben dafür hin. Er starb mit einem leisen Aufschrei. Bestürzung der armen Frau beim Anblick dieses dürftigen Nichts an Leben, das soeben zu Ende war. »Sie wird den Mund wohl gar nicht mehr zukriegen«, dachte X. gereizt. Letzte Körperwäsche, dann ist alles vorbei. Ganz allein auf der Welt wußte sie nicht, was sie anfangen, wen sie lieben, wen sie pflegen sollte. Wie ein Gefängnisinsasse aus Melun, der sich nach langer Haft auf der Straße wiederfindet.

La Maladie à Paris von Xavier Aubryet gelesen. Vier Jahre gelitten. Qualen auf der Straße. Großzügigkeit vom Brébant; Barmherzigkeit vom Maison d'Or.[32]

---

32 Xavier Aubryet (1827–1880), Journalist, Herausgeber, Literat und Lebemann, dessen Redseligkeit und Faible für das Paradoxon einige entzückte und anderen auf die Nerven ging. »Wenn man mit ihm zusammenleben würde«, schrieb Goncourt, »müßte man sich einen Revolver kaufen und ihm dann das Versprechen abnehmen, nur noch einfache Dinge zu sagen, da er bei Zuwiderhandlung mit dem Schlimmsten zu rechnen hätte.« Aubryet, ebenfalls Syphilitiker, war schließlich gelähmt, blind und hatte jeglichen Geschmackssinn verloren, war aber bis zuletzt – wie Daudet – geistig voll auf der Höhe. *La Maladie à Paris* ist ein bitterer Essay über den »gesellschaftlichen Tod«, den die Krankheit nach sich zieht. »Krankheit und Paris schließen sich gegenseitig aus; weil Paris nur den Erfolg liebt, mag es auch nur gesunde Menschen, und Krankheit gilt genauso als individuelles Versagen wie Armut.«
Das Brébant und das Maison d'Or waren Restaurants (die berühmten Magny-Diners fanden ab 1869 im Brébant statt). Gustave

Morphiuminjektionen. Beinamputiert.

Sehr katholisch: »Ich habe nur noch das eine ... Verlasse mich, mein Gott!«

Bis zum Ende von einer Marketenderin gepflegt, die ihm Angst einjagte. Claudins Gemeinheiten.

Die Hände verkrümmt, noch immer nützlich. Am Ende erblindet. Tastender Tod. Rasende Schmerzen.

Xavier Aubryet empört sich, daß man sich nicht um ihn kümmert. Ich selbst wäre lieber allein, ein Jahr lang draußen auf dem Land; niemanden sehen, nur meine Frau. Die Kinder könnten einmal die Woche kommen.

Wenigstens hat sich La Madeleine nicht mehr blicken lassen.

Endet im Süden, in der Nähe von Carpentras; auf dem Land bei seiner Schwester.

Eines Tages denkt er an das Café Riche, sieht sich dort sitzen, eine Wolldecke auf den Knien, ziellos den Boulevard hinunterblickend, der ihn das Leben gekostet hat, der Aubryet umgebracht hat.

Der Tisch im Café Riche steht gegenüber dem im Café Anglais. Geistige Qualen.

Claudin (1923–1896) war Journalist beim *Figaro*, Henri de la Madèlene [sic] (1825–1887) Romancier und Kolumnist. Das Café Riche (16, Boulevard des Italiens) und das Café Anglais (an der Ecke des Boulevard des Italiens und der Rue Marivaux gelegen) wurden von Journalisten und Literaten besucht. Zu den Konsequenzen, die den mit der weiblichen Kundschaft verkehrenden Stammgästen des Café Anglais drohten, siehe S. 83.

Einen Tag lang in Auteuil. In einem Garten voller Rosen verfolgt mich in der milden Sonne und im Duft blühender Blumen das Bild des armen Jules, wie betäubt unter seinem Strohhut, »in der leeren Unendlichkeit«.[33]

Jules de Goncourt und Baudelaire. Krankheit der Schriftsteller. Verlust des Sprechvermögens.

Seit einem Monat mit der Idee vom Ende der Welt beschäftigt, von dem ich eine sehr klare Vorstellung habe, ich lese, daß Baudelaire in der letzten Phase seines bewußten Lebens von derselben literarischen Idee beherrscht war. Wenig später Aphasie ...[34]

---

[33] Edmond de Goncourt und sein Bruder Jules waren so unzertrennlich, daß sie in den zweiundzwanzig Jahren seit dem Tod ihrer Mutter nur zweimal vierundzwanzig Stunden nicht zusammen waren; so unzertrennlich, daß sie ihr gemeinsames Tagebuch in der ersten Person schrieben. Im Jahr 1868 zogen sie nach Auteuil um; Jules, der ebenfalls an Neurosyphilis litt, starb infolge der Krankheit 1870. »Wo bist du, alter Knabe?« fragte Edmond ihn während des Endstadium seines Martyriums. »Weit weg, in der leeren Unendlichkeit«, antwortete Jules nach ein paar Augenblicken. Nach dem Tod seines Bruders wurde Daudet Edmonds engster Freund, sein literarischer Vertrauter und »Ersatzbruder« – wodurch Edmond zum zweiten Mal zum Augenzeugen des peinigenden körperlichen Verfalls eines Syphilitikers wurde. Daudet fragte Edmond nach den Symptomen seines verstorbenen Bruders aus, um sie mit seinen eigenen zu vergleichen.
[34] Der Titel *La Fin du Monde* taucht in mehreren Listen Baudelaires über geplante Prosagedichte und in einer Liste von »Romanen und Novellen« auf. Es scheint eine wiederkehrende Idee gewesen zu sein, nicht, wie Daudet andeutet, eine durch das nahe Ende eines Todgeweihten motivierte.

Leopardi auf die Liste meiner Vorfahren, meiner Doppelgänger im Schmerz setzen.

Der große Flaubert, wie er litt bei der Suche nach dem richtigen Wort! Lag es vielleicht an der gewaltigen Dosis Brom, die er einnahm, die ihm den Wortschatz so rebellisch vorkommen ließ?

Ich habe meinem Sohn als Thema für seine Doktorarbeit vorgeschlagen: Pascals Neurose.[35]

Eines Abends gegen elf Uhr, das Licht war gelöscht, das Haus schlief, klopft es. – »Ich bin's.« X. setzt sich für eine Minute, bleibt zwei Stunden. Faszinierendes Bekenntnis des Hangs zum Selbstmord, der in ihm wohnt. Sein älterer Bruder, sein Großvater etc. Geschichte von O. X. Haß gegen den Bruder. Die Nervenkrankheit von O. im Kopf. Die Beine sind ebenfalls befallen. Ich kenne diese mechanische, innere Steifheit.

Auch Heinrich Heine beschäftigt mich viel. Eine Krankheit, die der meinen zu ähneln scheint.

---

35 »Pascal war ein Neurotiker im wahrsten Sinne des Worts ... Sein ganzes Leben war ein einziges Sterben.« Daudet in einem Interview mit *La Chronique médicale*, 15. Februar 1896. Auf dem Vorsatzblatt seines Exemplars der *Pensées* hat Daudet Pascals Symptome aufgelistet: »Hydrophobie«, »Lähmung der Beine«, schließlich die »Ataxie« – ein Versuch, Pascal unter seine Leidensgenossen einzureihen. Léon Daudet, der bei Charcot studierte, hatte 1889 einen Traum, in dem er den Neurologen mit Pascals Schädel und einem Exemplar der *Pensées* in den Händen sah. Der Schädel war wie eine Honigwabe segmentiert, und Charcot demonstrierte genau, welcher *pensée* aus welcher Zelle stammte.

Ich frage mich, ob unter meinen älteren Doppelgängern im Schmerz nicht auch Jean-Jacques seinen Platz einnehmen sollte. War seine Blasenkrankheit, wie es durchaus vorkommt, nicht ein Vorbote und eine Nebenwirkung der »Knochenmarkerkrankung«.[36]

Morphium.
Unersetzbares Betäubungsmittel.
Unerträgliche Wutanfälle als Folge.[37]
Aber hatte Opium zuvor nicht dieselbe Wirkung? Benjamin Constant, Madame de Staël trieben damit

---

36 Daudets »Doppelgänger im Schmerz«: Leopardi litt permanent (Rücken, Lunge, Magen, Augen), hatte aber keine venerische Krankheit. Das Gerücht, Rousseau leide an einer solchen, hat Voltaire in die Welt gesetzt (Rousseau selbst sprach nur von einer »Funktionsstörung« mit veränderlichen Auswirkungen); bei der »Blasenkrankheit« handelte es sich vermutlich um Blasensteine, die die Harnröhre blockierten.
Flaubert infizierte sich in Ägypten mit Syphilis, aber die Krankheit schritt nicht weiter fort. Heines Fall war dem Daudets wahrscheinlich tatsächlich am ähnlichsten: Durch Tabes dorsalis ans Bett gefesselt, klagte er über seine »Matratzengruft«. Als der Landschaftsmaler Félix Zem Daudet im Jahr 1886 die Hand schüttelte, fühlte er sich an die Hand Heines erinnert, die dieser ihm aus dem Bett entgegengestreckt hatte: »Die Hitze, nicht die des Fiebers, sondern eine ganz anderer Art.«
37 »Daudet hat ungefähr zehn Tage lang nicht mehr gearbeitet. Ich fragte ihn, ob ihn das Morphium von der Arbeit abhalte, und er antwortete: ›Ja, mit Morphium gelangt man nie über allgemeine Ideen hinaus.‹« (Goncourt, 3. August 1889) »Ich versuche meinen Morphiumkonsum auf eine Spritze pro Tag zu reduzieren. Die Droge macht mich nervös, reizbar und boshaft. Ja, boshaft gegenüber meiner Frau und meinen Kindern.« (Daudet nach Goncourt, 10. Oktober 1889)

Mißbrauch. Ich sehe aus der Korrespondenz Heinrich Heines, daß er täglich eine starke Dosis davon nahm. Merkwürdig, durch drei Bände Geschäftsbriefe die Krankheit des Dichters zu verfolgen, die, als er noch recht jung war, mit neuralgischen Kopfschmerzen beginnt und damit endet, daß er acht Jahre lang unter großen Qualen ans Bett gefesselt ist.

Falls ich eine Hymne auf das Morphium schreiben würde, dann spräche ich über das kleine Haus in der Rue ... Nun, das ist jetzt vorbei. Mein alter Begleiter, jener, der mir die Injektionen gab, ist verstorben.[38]

Tiefe Traurigkeit, als ich seine Uhr gesehen habe, die man mir ans Bett brachte, seine Pravaz-Spritze, seinen Schleifstein, seine Nadeln, die sich plötzlich zu bewegen, zu tummeln schienen, giftige Blutegel, lebendige Stachel – Klapperschlangen und Vipern – Kleopatras Feigenkorb.

Es wäre faszinierend, sein abgeschiedenes Leben zu beschreiben, frei von allzu heftigen Schmerzen, seit Jahren fast ständig bettlägerig. Bücher, Zeitschriften, Tageszeitungen, ein wenig Malerei. Und die Uhr in ihrem Gehäuse regulierte dieses statische, abgemagerte Dasein.

Er hielt daran fest, an diesem Leben. Nur eine einzige Angst: die Furcht vor einem qualvollen Ende.

Armer Freund. Jetzt ist es vorbei.

Raffiniert, wie der Tod niedermäht, seine Schnitte ansetzt, es aber nur wie eine Ausdünnung aussehen läßt.

---

38 Daudets Schwiegervater, Jules Allard, starb am 9. März 1889.

Eine Generation fällt nicht auf einen Streich; das wäre zu traurig, zu offenkundig. Sondern stückweise. Die Wiese wird von mehreren Seiten her gleichzeitig angegangen. An einem Tag der eine; einige Zeit später der andere; es erfordert Nachdenken, einen Blick über sich selbst hinaus, um die entstandene Leere, das Hinschlachten der eigenen Generation zu begreifen.

Man muß viele Tode sterben, ehe man stirbt.

Zweieinhalb Jahre ohne Tagebucheintrag.
 Ich habe gearbeitet. Ich habe gelitten.
 Mutlosigkeit. Erschöpfung.
 Immer das gleiche Lied; Duschbäder; Lamalou.
 Seit dem vergangenen Jahr Beschwerden in den Beinen. Unmöglich, eine Treppe ohne Geländer hinunterzusteigen, über gewienertes Parkett zu gehen. Manchmal verliere ich das Gefühl für einen Teil meines Körpers – den ganzen unteren Bereich; *meine Beine finden sich nicht mehr zurecht.*

Zustandsveränderung: schlecht gehen. Nicht mehr gehen.

Lange hatte ich Angst vor dem Rollstuhl, ich hörte ihn kommen, heranfahren. Ich denke nun weniger an diese Stunde und ohne den Schrecken der ersten Tage. Es scheint, daß man weniger leidet, wenn man dort angelangt ist ... Nicht mehr leiden ...

Morphiuminjektion. Mehrmals an einer bestimmten Stelle des Beins: dem Prickeln folgt ein unerträgliches Brennen im Rücken, im Oberkörper, im Gesicht, in den Händen. Ein subkutanes Gefühl, zweifellos unbedeutend, aber erschreckend: man spürt den endgültigen Schlaganfall.

Geschrieben während einer dieser Krisen.

Diese Dummköpfe, die glauben, ich sei allein deshalb nach Venedig gekommen, um für ein paar Minuten vom deutschen Kaiser empfangen zu werden.[39]

Als wäre der *Schmerz* nicht schon der despotischste und besitzergreifendste imperiale Gastgeber.

Am liebsten möchte ich wie ein Maulwurf unter der Erde leben, allein, ganz allein.

Schmerz, du mußt mir alles sein. Laß mich in dir all die fernen Länder finden, die zu besuchen du mir nicht mehr erlauben wirst. Sei du meine Philosophie, meine Wissenschaft.

Montaigne, der alte Freund; beklagt vor allem die physischen Schmerzen.[40]

---

39 Zeitungen hatten darüber spekuliert, ob Wilhelm II., der sich im April 1896 anläßlich eines offiziellen Besuchs in Venedig aufhielt, Daudet empfangen würde.
40 Madame Daudet beschwerte sich darüber, daß ihr Mann nach der Montaigne-Lektüre nicht mehr der Mann sei, den sie kenne; nach ihren Worten wurde aus dem liebevollen Ehemann und Vater ein »verwelkter, hartherziger Mann«. Montaignes Philosophie

Durch den Schmerz nimmt die moralische und intellektuelle Größe zu, aber nur bis zu einem bestimmten Grad.

Ein verwundeter und amputierter Don Juan. Das wäre ein schöner Stoff für ein Drama. Ihn, der »alle Frauen kennt«, zu zeigen, wie er mißtrauisch, eifersüchtig auf seinen Holzbeinen sich dahinschleppt, um an Türen zu lauschen, blutenden Herzens, feige, wutentbrannt, in Tränen aufgelöst.

Ich fühle mich wie ein Geschöpf aus der Mythologie, dessen Oberkörper von Holz und Stein umfangen ist, nach und nach empfindungslos wird und dann erstarrt. Während die Paralyse sich nach oben ausbreitet, verwandelt sich der Kranke in einen Baum oder Stein, wie eine Nymphe aus Ovids *Metamorphosen*.

Nichts ist schrecklicher als dieser Kampf.
    Wenigstens wird der Tag kommen, an dem man sich überhaupt nicht mehr bewegen kann …

Folgen des Morphiums.
    In der Nacht aufgewacht, nur noch das Gefühl, überhaupt zu existieren. Aber der Ort, die Uhrzeit, die Identität eines bestimmten Ichs sind vollkommen verlorengegangen.
    Keine einzige Idee mehr.

---

hielt sie für egoistisch, pessimistisch und flach, seine Einstellung gegenüber Frauen für »abscheulich«.

Gefühl AUSSERORDENTLICHER geistiger Blindheit.

Unfähigkeit, nachts meine Bewegungen zu kontrollieren.

Teil eins: eingeschlossen.
Der Wunsch nach dem Gefängnis, um schreien zu können: hier bin ich.
Unbeweglich!
Und danach?...
Es ist diese Strafverschärfung, die alles so entsetzlich macht.

Er ernennt mich zu seinem Testamentsvollstrecker in der liebevollen Absicht, mich in dem Glauben zu wiegen, daß ich sehr viel länger leben werde als er.[41]

Der Gefangene sieht die Freiheit herrlicher, als sie ist.
Der Kranke stellt sich die Gesundheit als Quelle unsagbarer Freuden vor – was sie nicht ist.
Nur was uns fehlt, erscheint uns als das Göttliche.

Unmöglich, ohne Hilfe meine Außentreppe in Champrosay hinunterzusteigen, geschweige die von Goncourt. Oh, Pascal![42]

---

41 »Er« ist Edmond de Goncourt, der Daudet 1887 zu seinem Testamentsvollstrecker bestimmte. Goncourts Geste war gerechtfertigt: Daudet überlebte ihn um achtzehn Monate.
42 Vielleicht eine Anspielung auf Pascals berühmtes Beispiel über

Der Schmerz auf dem Land: Schleier am Horizont. Diese Straßen, diese hübschen Kurven wecken nur den Wunsch nach Flucht. Weglaufen, der Krankheit entrinnen.

Eine meiner Entbehrungen, keine Almosen mehr geben zu können. Welche Freude mir das gemacht hat. Die erwartungsvolle Hand des Bettlers, in der plötzlich hundert Sous landen.[43]

Sterilität. Das einzige Wort, das in etwa den entsetzlichen Zustand der Stagnation wiedergeben kann, in den für Augenblicke der Verstand fällt. Bei gläubigen Seelen heißt das, »ohne Glauben, ohne Hingabe« zu sein. – Die Notiz, die ich hier aufs Papier werfe, nichtssagend und glanzlos, ein Selbstgespräch, geschrieben während einer dieser grausamen Anfälle.

Handschriftliches aus meinem ganzen Leben, vom Geschriebenen der Schulkameraden bis hin zu den winzigen Hieroglyphen meines Vaters und seiner »Louis XIV.

---

den unnötigen Schwindelanfall, das ihm als Beweis für die Macht der Einbildungskraft dient. »Man stelle den größten Philosophen der Welt auf eine Planke, die breit genug ist, unter der aber ein Abgrund klafft. Seine Vernunft mag ihn davon überzeugen, daß er in Sicherheit ist, aber seine Einbildungskraft wird die Oberhand behalten. Nur sehr wenige Menschen werden nicht schon bei dem bloßen Gedanken daran erbleichen und in Schweiß ausbrechen.«
43 Im Gegensatz zu Daudets vorhergehender Notiz (»Früher war ich ein besserer Mensch.«) betonte André Ebner, Daudet sei in seinen letzten zwölf Lebensjahren ein »echter Wohltäter« gewesen.

Geschäftsschrift« – all das zieht vorbei, kreiselt um mich eine halbe Nacht lang. Heute morgen war ich davon vollkommen erschöpft ... Das Ende naht.

Morgens sind meine Hände hartnäckig auf der Decke zusammengekrümmt, sie gleichen verwelkten Blättern, ohne Saft.[44]

Vision von Jesus am Kreuz, morgens auf dem Golgatha. Die Menschheit. Schreie.

Heute morgen abgestumpfte Gefühle, wie an einem Tag nach wilden Ausschweifungen. Die Wirkung allzu langer Anwendung derselben Palliative.

Ich möchte, daß mein nächstes Buch nicht allzu grausam wird. Das letzte Mal hatte ich den Eindruck, zu weit gegangen zu sein. Arme menschliche Wesen! Man sollte ihnen nicht alles sagen, ihnen nicht seine Erfahrung aufbürden, mein schmerzhaftes und bewußtes Lebensende. Die Menschen wie Kranke behandeln, sorgfältige Dosierungen, Rücksichtnahme; lassen wir sie den Arzt lieben und spielen wir nicht den brutalen, hartherzigen Schlächter.

Dieses Buch sollte zartfühlend, virtuos, nachsichtig sein, ich würde großen Nutzen daraus ziehen, wenn ich

---

44 »Daudets Vergleich, wenn er seine Hände beschreibt, wie sie am Morgen aussehen: durch die permanenten Krämpfe krümmen sie sich wie *verwelkte Blätter*. Dieser Vergleich bleibt mir den ganzen Tag im Gedächtnis.« (Goncourt, 31. Mai 1886)

es schriebe, denn ich leide sehr.[45] Stolz darauf, nicht anderen die schlechte Laune und die düsteren Ungerechtigkeiten meines Leidens aufgebürdet zu haben.

Hin und wieder eine Erinnerung an aktives Leben, glückliche Zeiten. Zum Beispiel an die neapolitanischen Korallenfischer abends in den Felsen. Vollkommenheit physischen Glücks.

Rückkehr in die Kindheit. – Auf diesen Sessel zu gelangen, den gebohnerten Flur zu überwinden; dieselbe Anstrengung und Erfindungsgabe wie sie Stanley im afrikanischen Urwald benötigte.[46]

Meine Verzweiflung ist groß, und ich schreibe unter Tränen.

Sich sagen, daß man eines Tages wieder eine Last wäre, die Seinen in die Flucht schlagen könnte …

---

45 *La Petite Paroisse* (1895), Daudets vorletzter Roman. Mit dem Buch, in dem er »zu weit gegangen« sei, meint Daudet *L'Immortel* (1888), seinen Roman über die Académie française.
46 Daudet nannte H. M. Stanley »die touristische Ausgabe von Napoleon«. Aus Daudets Mund war das das höchste Lob: Die beiden Männer, die er in seinem Jahrhundert am meisten bewunderte, waren Bonaparte und »Hamlet«, wie er George Meredith nannte. Als er mit seinem Sohn Léon nach London reiste, begegnete Daudet sowohl Stanley als auch Meredith persönlich. Was seine Begeisterung für die Literatur der Forschungsreisenden betrifft (siehe S. 25 f.), verlagerte sich Daudets Interesse hinterher auf die Polarzonen. Im Bett las er Madame Daudet über die Arktis vor, was diese schnell einschlafen ließ.

Entsetzen. Beklommenheit. Das Leben, so hart seit meiner Vereinsamung im Schmerz.

Verletzung, Verletzung des Stolzes derer, die uns lieben.

O Macht der Wirklichkeit! Ich habe sie auf meine Kosten kennengelernt, seit ich nicht mehr gehen kann, seit man mich nicht mehr sieht.

Der Übergang vom *carcere duro* zum *durissimo*.
Erschrecken und Verzweiflung aus der Anfangszeit, nach und nach gewöhnt sich der Verstand, wie auch der Körper, an diesen entsetzlichen Zustand.
Siehe die Dialoge Leopardis, Tasso im Gefängnis etc.

Mein Dasein ist zu Ende, besteht nicht mehr wirklich, sondern durch den Roman – also durch das Leben anderer.[47]

Leben bedeutet Gegensatz.

Kämpfen gegen diejenigen mit bösem Willen, unkalkulierbare Riffs, die das Schiff unterhalb des Wasserspiegels aufschlitzen.

---

47 »Wir sprachen über das Nachleben durch ein literarisches Werk, für meinen Bruder und mich immer ein wichtiges Thema, für mich bis heute. Daudet sagte, wenn es um eine Art Weiterleben seiner eigenen Person gehe, denke er nur an seine Kinder; ein Buch sei einfach nur das Resultat eines Akts der Mitteilsamkeit, eine Verausgabung von Energie, die sich genauso gut auf andere Art und Weise hätte manifestieren können.« (Goncourt, 25. September 1887)

Ich kenne nur eins, meinen Kindern laut zurufen »Es lebe das Leben!«. Wie ich, von Schmerzen zerrissen zu sein, das ist hart.

II

Im Land der Schmerzen

Dieses Jahr in Néris[48], der Blick weniger scharf oder die Tischgesellschaft weniger interessant. Gleichwohl ein paar Charaktere. Madame M., Gattin eines Gerichtspräsidenten, Veranstalterin von Partys, Muttertier, feiert die Feste mit den Stellvertretern. »Laßt uns Champagner trinken und fröhlich sein! Sie sind ja gar nicht fröhlich!« Empfänge in Châteaudun ... Zwei Töchter, eine erwachsen, Anspruch auf Eleganz, Pferdegesicht, Unmengen an Kleidern in den Koffern; die Kleine, zwölf Jahre, ein sonderbares Kind mit blicklosen schwarzen Augen, clownesken Bewegungen und Ohnmachtsanfällen, aus denen ihre Mutter sie herausholt, indem sie einen goldenen »Glücksbringer« vor ihren Augen pendeln läßt. Geschick eines Affen und einer Schlafwandlerin. Die Frau erzählt über ihren Mann – Wunderlichkeiten, Marotten, Hypochondrie, alle möglichen Krankheiten. Augenoperation ohne nennenswerten Grund; wenn er mit seiner Frau und seinen Kindern zur Kur fährt, steigt er in einem anderen Hotel ab als sie. Hochzeitsreise – zweigeteiltes Zimmer: »Das ist Ihre ... das ist meine Seite ... Ihre Stühle, meine Stühle.« Und dieser Verrückte ist Richter! Erinnerung an ein Picknick – die Frau lang ausgestreckt

---

48 Ein Thermalbad im Departement Allier, das Daudet 1882 von seinem Freund Dr. Potain empfohlen worden war. Im Jahr 1884 kehrte er noch einmal dorthin zurück. Zuvor hatte Potain ihn für eine Kur nach Allevard im Departement Isère geschickt.

auf der Erde, die Füße höher als den Kopf, und ihr abgelegter falscher Zopf, kreisrund, zusammengerollt wie eine Natter!

Die »alleinstehenden Damen«. Madame T. »Intelligent wie ein Mann« (?), »Schülerin von D.«, israelitische Züge, langgezogene Augen in hell leuchtenden Vertiefungen, Pariser Mundwerk, Affäre mit dem Cellisten des Kasinos, um fünf Uhr morgens dabei ertappt, wie er im kleinen Salon seine Krawatte wieder anlegt. Madame L., kleine Frau mit manieriertem Lächeln, hochgezogenen Mundwinkeln, welk, geheimnisvoll, ängstlich, ohne Umgangsformen, nimmt am Tisch Platz mit Zweigen oder einem Büschel Blumen im Gürtel, dann aber beschämt und verlegen, reißt verstohlen diese dekorative Girlande ab.

Ein anderer Fall von »alleinstehender Dame«. Die gute Madame S. mit ihrer Freundin Mademoiselle de X. Gesichtsausdruck zweier Klosterschwestern, die nach dem letzten Bissen vom Tisch flohen, um in die Kirche zu laufen. Mademoiselle de X. hat eine schwärmerische Redeweise, ist dick, puppenhaft, fünfunddreißig bis vierzig Jahre alt, hat einen frischen Teint, klare Augen, ist gutmütig und naiv, »der Tratsch des Klosters«, ist stolz auf ihre beiden reich verheirateten Schwestern, auf ihre Familie, niederer bretonischer Adel ohne einen Sou und fruchtbar wie das Becken einer Hafenstadt. Von Madame S. adoptiert. Witwenschaft, Tugend, Religion, zärtliche Augen, nicht ganz richtig im Oberstübchen. Der Ehemann auf der Jagd von ihrem Vater erschossen; ganz der Mildtätigkeit hingegeben; keine Kinder.

Madame C., noch jung, Witwe eines Marineoffiziers, häßlich, allzu schwarze Augen, rotfleckige Nase, die sie unablässig in einem kleinen Taschenspiegel betrachtet. Sieht überall Skorpione, Spinnen, Blut auf den Händen; stets allein, geht mit kleinen Schritten über die Wege des Obstgartens, verharrt regungslos stundenlang auf einer Bank, die Wange in die Hand gelegt, in Gedanken verloren. Verleiht dem Hotel den Anschein einer Irrenanstalt.

Und dann Frau General P. Die »Mutter der Gendarmerie«. Kommt seit zehn Jahren in das Hotel, Respektsperson, worauf sie sehr bedacht ist. Wünscht zu gefallen, zu erobern. Alle ankommenden oder abfahrenden weiblichen Pensionsgäste unterbreiten ihr ihre Männergeschichten! Kokette Alte, die sich selbst inszeniert, ehrbare Madame, die nach wie vor heftig mit ihrem falschen Gebiß zuschnappt.

Dieser Aufenthaltsort für Anämiekranke hat auch seine komischen Seiten. Man erinnert sich an keinen einzigen Namen; ständig sucht man; viele Gesprächspausen in der Unterhaltung. Bis zu zehn, um auf das Wort »industriell« zu kommen.

Aber noch nie haben meine armen Nerven so sehr unter diesen ständig wechselnden Kontakten des Hotellebens gelitten. Es war mir verhaßt, meinen Tischnachbarn beim Essen zuzusehen; die zahnlosen Münder, das entzündete Zahnfleisch, die Spitze der Zahnstocher in den Tiefen der Backenzähne, die einen kauen auf einer Seite, die anderen rollen ihren Bissen hin und her, und dann die Wiederkäuer, die Nager, die Reißzähne! Menschliche Bestialität! All die mahlenden Kiefer, die gefräßigen, verstörten Augen, die sich nur auf den Teller richten, die angriffslustigen Blicke, die auf die Mahlzeit warten, all das beobachtete ich, all das verursachte mir Übelkeit, Appetitlosigkeit.

Und dann die unerquicklichen Verdauungsvorgänge, die beiden Toiletten am Ende des Korridors, nur durch eine Zwischenwand getrennt, von ein und derselben Gaslampe beleuchtet, so daß man jedes Keuchen bei Verstopfung, das Losprusten bei übermäßiger Entleerung, das Rascheln von Papier gut hören konnte. Abscheu ... Abscheu vor dem Leben!

Und welche Gerüchte über die Gebrechen der Pensionsgäste auf den Fluren kursieren, über ihre Manien, ihre lächerlichen Wehwehchen ...

In Néris, die Gestalt des Mathematikprofessors aus Clermont. Der erste, der an der gleichen Krankheit leidet wie ich, aber schon eine längere Wegstrecke hinter sich hat.

Ich denke an ihn, sehe, wie er seine Füße voransetzt, einen nach dem anderen, vorsichtig, schwankend: wie auf Glatteis. Mitleid. Die Zimmermädchen erzählten, daß er ins Bett pinkelt.

Kurort für Nervenkranke. Gestalten an Krücken, unterwegs auf den Landstraßen zwischen sehr hohen dichten Bäumen; man erzählt sich von seinen immer absonderlichen, unvorhergesehenen Leiden; arme, ganz einfache Frauen, von Krankheit verfeinerte Bäuerinnen. –

Schlammbäder in einem Wald des Nordens. Absonderliche Einrichtung. Eine verglaste Rotunde über schwarzem Morast, in den man behutsam eingetaucht wird. Herrliches Gefühl am ganzen Körper in diesem warmen und weichen Leim; manche stecken bis zum Hals darin, andere bis zu den Armen; es sind etwa sechzig Personen da, ein buntes Durcheinander, lachend, plaudernd, dank einiger Holzflöße auch lesend. Keinerlei Getier in dem Schlamm, aber Tausende kleiner warmer Luftblasen, die einen sanft kitzeln.

Die provinzielle Familie, der ich in Néris begegnet bin. Der Ehemann, alt und gebeugt, hängender Schnurrbart und ein paar dünne, herabbaumelnde Locken; sein trauriges Gesicht mit dem sardonischen Lächeln, aber gütigen Augen, Samtkappe à la Raffael. Das war P., Schüler von Saint-Jean.[49] Die Frau, groß, dürr, flachbrüstig und selbstgefällig, trägt ihren Hut im Stile Rembrandts, leitet ein Pflegeheim für Damen. Sie ist verwöhnt und verzärtelt, aber man gewinnt den Eindruck, daß sie das Geld verdient, während er an seinen künstlerischen Ruhm denkt. Bei ihnen ist ein dickes, stumpfsinniges Mädchen mit Damenbart, eine von Madames Pensionsgästen, die um sie herumstreicht wie die Zofe höhergestellter Kreise und die in ihrem Zimmer Café–Cognac zubereitet, um Geld zu sparen. »Monsieur P.!« ruft sie aus dem Fenster, und in ihrer sanften Stimme schwingt kokette Geheim-

---

49 Simon Saint-Jean (1808–1860) war ein hochangesehener Blumenmaler, der 1851 auserkoren wurde, bei der ersten Weltausstellung die Schule des Lyonnaiser Blumendekors zu vertreten.

nistuerei mit, als verkündete sie gerade, es sei jetzt Zeit für seine Darmspülung.

Lamalou.⁵⁰ Ataxie-Polka. Die Klientel. Mittleres Alter, schwefelgelbe Hemden. Die Bäder; Fenster; häßliche Spuren. Musikveranstaltungen. Theateraufführungen. Hohe Kamine; Holzfeuer; rauh verputzte Mauern.

---

50 Ein Thermalbad nördlich von Béziers, gelegen in den Ausläufern, die die Cevennen mit der Montagne Noire verbinden. Die bereits seit den Zeiten der Römer bekannten Quellen wurden bei rheumatischen Beschwerden und bei Nervenkrankheiten empfohlen, speziell bei Tabes dorsalis. Es gab drei Quellen, eine in Lamalou-le-Haut (die heißeste), eine in Lamalou-le-Centre und eine in Lamalou-le-Bas (die beliebteste). Daudet besuchte Lamalou zuerst 1885 und kehrte bis 1893 jährlich wieder zurück. Er wohnte im Hôtel Mas, direkt gegenüber dem Kasino und dem Theater (alle drei Gebäude stehen noch, das Hotel soll nach einer Renovierung wiedereröffnet werden). Zur literarischen Prominenz, die Lamalou besuchte, gehörten Alexandre Dumas *fils*, Sully Prudhomme (der erste Träger des Nobelpreises für Literatur) und André Gide. Léon Daudet schrieb, es gebe »nur sehr wenige Orte, die so wunderschön, so melancholisch, so düster und so bewegend wie Lamalou« seien.
Der Ort verdankt seinen Reichtum Charcot, der viele seiner Patienten nach Lamalou schickte. Im Jahr 1891 beschwerte sich Alphonse Daudet: »Können Sie glauben, daß ein Mann wie Charcot nicht ein einziges Mal persönlich in Lamalou war, um die Auswirkungen der Therapie auf die Menschen zu studieren, denen er sie verschreibt? Ärzte sind sehr schlechte Entdecker. Wenn ein Patient sagt – ›Ich habe bemerkt, daß ein Ei, morgens auf nüchternen Magen, mir an dem und dem Tag eine Besserung meiner Beschwerden verschafft hat‹ –, dann notieren sie sich diese Beobachtung und verschreiben all ihren Patienten das gleiche Rezept.« Auch wenn Charcot nicht persönlich in Lamalou war, wußten die

Im Hof des Hotels, ein Kommen und Gehen von Kranken. Defilee verschiedener Leiden, eins schlimmer als das andere. Trotzdem Ähnlichkeiten, die Augen, entweder fieberhaft oder ausdruckslos. Gleißendes Licht vom blauen Himmel – Zitronenbäume in großen Anduze-Tontöpfen.

Ratschläge unter Kranken:
– Machen Sie doch mal das!
– Hat es Ihnen gutgetan?
– Nein.
– Hat es geholfen?
– Nein.
– Und weshalb raten Sie mir dazu?
Manien.

Die Frauen, barmherzige Schwestern, Krankenpflegerinnen, Antigones.

Einwohner des Orts doch, was sie ihrem Wohltäter zu verdanken hatten, dem zu Ehren sie im Jahr 1903, zehn Jahre nach dem Tod des Neurologen, die Fontaine Charcot errichteten. Léon Daudet vertrat die Ansicht, daß Duchenne de Boulogne eher eine Statue verdient hätte als Charcot. Die Fontaine Charcot befindet sich am Ende der Avenue Charcot, von der die Rue Duchenne de Boulogne abgeht, die sich ihrerseits mit der Rue Daudet kreuzt, deren Verlängerung die Rue Privat ist, wo sich auch die Büste von Dr. Privat findet. Laut Léon Daudet waren Charcot englische und russische Patienten lieber als deutsche, die er »unangenehm« fand. Unangenehm wurden die Deutschen auch 1944, als sie Charcots Bronzebüste von dem Springbrunnen entfernten. Im Jahr 1955 wurde sie schließlich durch eine Nachbildung aus Stein ersetzt.

Die Russen, unergründliche Asiaten.
Die Priester.
Die Musik: Morphiuminjektion.
Die Wutanfälle.
Der Ehrgeizige, der »Möchtegern-Napoleon« im Schwimmbad.
Die Absonderlichen.
Die Schwätzer.
Nicht nur wegen des Südens, sondern wegen ihrer Nerven.

Mein Doppelgänger. Der Mann, dessen Krankheit sich der eigenen am meisten annähert. Wie man ihn liebt, wie man ihn zum Reden bringt! Ich habe zwei davon: einen italienischen Maler und ein Mitglied des Obersten Gerichtshofs, die zu zweit mein Leiden darstellen.[51]

Das Theater in Lamalou.
Eintritt der Tabetiker. Schlaf der Toten.

Der Dirigent, zugleich erste Violine des Orchesters, verheiratet mit einer Duenja, spielt und dirigiert mit seinem schlafenden Baby auf den Knien. Köstlich.

---

51 Und auch die Zukunft seines Leidens: »Der arme Daudet wird von einer *idée fixe* verfolgt, von der Angst vor der Erniedrigung und der körperlichen Schmach, die die Paralyse mit sich bringt. Versucht man ihn zu beruhigen, dann erzählt er einem, er habe den Fortgang der Krankheit bei seinen Schicksalsgenossen in Lamalou studiert und wisse genau, wie es im nächsten und im übernächsten Jahr um ihn stehen werde.« (Goncourt, 14. Juli 1890)

Unbeschreiblich komisch, dieses Land der Nervenkranken; Schreie, Trompetenstöße, Sirenen. »Oberland der Schmerzen«, Dialekt der Berge, eine einzige Straße, Heukarren, Wagen, die angeberisch im Schrittempo die Straße entlangfahren, zielloses Umherlaufen von Tabetikern, Fahrräder, Eseltreiber. Krieg bis aufs Messer zwischen dem »Oberland der Schmerzen« und dem »Unterland der Schmerzen«.[52]

A.B., dieser bewundernswerte Schwätzer, lebhaft, aufgeregt, das Gegenteil eines Aphasiekranken; ißt allein, um Energie zu sparen.

Bei Tisch: der Mann, der plötzlich die Menukarte nicht mehr lesen kann. Seine Frau bricht in Tränen aus, steht auf ...

Lamalou. Die kleine Spanierin mit der strengen Frisur; zwölf bis sechzig Jahre alt. Rotes Kleid, langes Ohrgehänge, gelbliche Gesichtsfarbe, langgezogener Kopf, den

---

52 Daudets Wortspiel bezieht sich auf Lamalou-le-Haut/Bas und La Doulou-le-Haut/Bas. Bei einem Diner, das 1892 anläßlich der silbernen Hochzeit der Daudets gegeben wurde, saß Goncourt neben Madame Munkaczy, der extravaganten und taktlosen Frau eines ungarischen Malers. Edmée (1886–1937), das dritte Kind der Daudets und ihre einzige Tochter (und Goncourts Patenkind), war in Lamalou gezeugt worden. Madame Munkaczy sagte zu Daudet: »Es ist zu komisch, ein Kind aus Lamalou ... man sagt doch, dieser Ort habe gewöhnlich den gegenteiligen Effekt, oder?« Sie blickte ihren Gatten an, der am Nachbartisch saß, und fuhr fort: »Offensichtlich ging es für Sie noch mal aufwärts, während andere nicht mehr hochkommen.«

sie auf ihre knöcherne Hand stützt; schläft nachts im Sitzen. Angst vor Ratten. Kein Zimmer im untersten Stockwerk.

Der Spanier, der auf seinem Boot erkrankt ist, kann seine Beine nicht mehr bewegen; lange Gestalt eines Robinson Crusoe; wird von seinem Diener getragen; Strohschuhe, weiße Mütze; Liebling der Zimmermädchen.

Der Mann aus dem Haut-Marne, schläft in der Sonne, von zahlreichen Fliegen belästigt. Er ißt draußen, wegen des Morphiums übergibt er sich ständig – »Was solls« – bei Sonne oder Regen, drinnen oder draußen.

Der kleine, an Chorea erkrankte Junge, schreckliche, unkontrollierte Bewegungen; gibt kein Wort mehr von sich; Vater, Mutter, Großmutter, Schwester.

Der Mann, der den Zug des Zaren über einen Streckenabschnitt fuhr, der, wie verlautete, von den Anarchisten vermint worden war. Eine Fahrt von zwanzig Minuten, für ihn endet sie damit: brennender Schmerz in den Augen, dann Erblindung.

Der Arm dieses Kindes, eine Hand aus Elfenbein zum Kratzen am Ende eines Mahagonilineals.

Der blinde Russe spricht über die Klinik in der Rue Visconti. Das große Zimmer, in dem er mit unbekannten Leuten lag, die ständig wechselten, die er nie gesehen hat, die ihn nie gesehen haben.

Vertraulichkeiten von Major B.
Die Verabschiedung aus dem Regiment; letztes Essen in der Offiziersmesse. Verkauf seines letzten Pferdes. Verschiedene Stadien der Erblindung. Tage, an denen er

sagt, »alles ist schwarz ... vollkommen schwarz ...« Deshalb hat er Angst. Dann gelegentlich eine Aufhellung. Freude daran, wenn man ihn zu den Proben bringt. »Die erste Sängerin!« Erinnerungen an die Garnison. Diener im Offizierskasino. Sehr gepflegt.

Und auch ich sage wie der Blinde: »Alles ist schwarz, vollkommen schwarz.« Das ganze Leben nunmehr in dieser Farbe.
Mein Schmerz berührt den Horizont, füllt alles aus.
Vorbei das Stadium, in dem die Krankheit sich noch bessern kann, zu verstehen hilft; vorbei auch die Zeit, in der sie einen noch verbittern, die Stimme gereizt werden, alle Rädchen im Körper knirschen läßt.
Gegenwärtig ist es eine unnachgiebige, bleibende, schmerzhafte Erstarrung. Gleichgültigkeit allem gegenüber. *Nada!... Nada!...*

Geheimnisvolle Krankheiten bei Frauen; Klitorisleiden. Ohnmachtsanfall dieser alten Frau von sechzig Jahren.
Heroisch, die Frau mit ihren Leiden.

Ich denke an die nervöse Erschütterung, die die Spinnereien durchlaufen muß, die Bordelle, all die Orte, an denen sich Frauen in großer Anzahl befinden, an diese Zeitabschnitte, in denen sie je nach Art ihres Temperaments durchgeschüttelt worden sind.

Monsieur C., lebt mit einem ständigen Geräusch im Ohr, wie das Pfeifen einer Lokomotive oder eher wie das Entweichen von Dampf. Man gewöhnt sich an alles.

Freude des Tabetikers, der eine Besserung verspürt. Der Mann mit den leuchtenden Augen.

Der Offizier, der nach dem Sturz von einem Pferd die Sprache verloren hat. Einige wenige gestammelte Worte. Dem Äußeren nach ein Schwede.

Unter den Kranken dieser junge vielsprachige Spanier, der die Erinnerung an seine frühe Kindheit wiederfindet, an diesen Dialekt der Balearen, wo er bis zu seinem fünften Lebensjahr bei einer Amme war.[53]

---

53 Laut Goncourt (12. Januar 1896) war der Mann, der plötzlich Dialekt sprach, jener Offizier, von dem es im vorhergehenden Eintrag heißt, er habe nach einem Sturz die Sprache verloren. Dagegen behauptet Léon Daudet in *Devant la Douleur*, es handele sich um den russischen Lokführer, der, gerade augenscheinlich noch gesund, nach zwanzig Minuten Symptome des Spätstadiums von Tabes dorsalis zeigte, und *der* sei kein anderer gewesen als jener Major B., der an verschiedenen Formen von Erblindung litt. Léon Daudet differenziert zwischen einer »weißen« Blindheit, die noch halbwegs zu ertragen sei, und einer »schwarzen« Variante, die Gedanken an Selbstmord auslöse. Im Spätstadium der Neurosyphilis waren häufig Erblindungen zu registrieren (siehe den Fall von Xavier Aubryet, S. 50 f.).
Solche Ungereimtheiten hinsichtlich der Krankengeschichten könnten vielleicht teilweise aufgehellt werden, wenn das Manuskript von *La Doulou* zugänglich wäre. Gegenwärtig ist es unauffindbar; wahrscheinlich wurde es nach Lucien Daudets Tod im Jahr 1946 zusammen mit anderen Notizbüchern in alle Winde verstreut. Sicher ist, daß vor der Erstpublikation von *La Doulou* Eingriffe vorgenommen wurden; für Hypothesen, wieviel Text gestrichen, bearbeitet oder umgruppiert wurde, fehlt jede Grundlage.

Nur in Lamalou habe ich gesehen, wie Frauen ihre kranken Männer überwachen, wie sie unterbinden, daß man mit ihnen spricht, daß man sie über ihre Krankheit aufklärt.

Der Russe, der seine Arme nicht mehr bewegen kann; streitet mit seiner Dienerin, die ihm die Zigaretten dreht und wütend für alle beide gestikuliert.

Alte Obstbäume ohne Saft, verkrümmt wie Tabetiker: Lamalou.

Das Hotel. Das Klingelbord. Die Badezeiten.
Einsamkeit.
Um sich greifende Dunkelheit.

Dieselben Orte, an die man zurückkehrt wie zu den Kerben in der Wand, die in der Kindheit das Wachstum markierten. Jedesmal eine meßbare Veränderung. Jetzt nur noch Abstieg, wo es früher immer aufwärts ging.

Dieses Jahr kann ich in Lamalou keine Treppe mehr hinabsteigen. Das Gehen, grauenhaft. Spaziergang unmöglich. Zu träge zum Waschen. Im Bett. Beine wie aus schmerzendem Stein.

Der Mann, der die anderen beim Leiden betrachtet.
  Die Doppelgänger.
  Die Straße, die Pferdekutschen im Galopp.
  Lamalou im Winter.
  »Im Land der Schmerzen.«

Ärzte lassen in Lamalou Häuser bauen. Sie haben Zuversicht! – und schwarze Hüte!

Ach, wie gut verstehe ich den Russen, der besser zu leiden versteht und der gestern zu mir sagte: »Der Schmerz hindert mich am Nachdenken.«

Tastender Rundgang eines der Blinden in Lamalou, er kommt aus dem fernen Japan. Geräusche des Meeres, von Städten, Überseedampfern ...[54]

Das Familienschwimmbecken, ein unheimlicher Ort. Hier bade ich am liebsten, fast immer allein. Man steigt über wenige Stufen hinein. Ein Quadrat von vier oder fünf Metern; ein Verließ der Inquisition. Rauhe Wände, Licht fällt durch ein großes Dachfenster ein. An den Wänden des Schwimmbeckens eine Bank aus Stein, die

---

54 Daudet war so kurzsichtig, daß er einmal in dem festen Glauben, es handele sich um Edmond de Goncourt, eine Viertelstunde lang mit einer über einen Stuhl geworfenen Decke redete. Er hätte sich gut an diese Reise erinnert. »Heute abend sprach Daudet leidenschaftlich über das Meer. Er behauptete, den Zauber des Meeres nicht mehr durch die Farben zu erfassen, die die Maler wahrnehmen, sondern, dank eines außergewöhnlich feinen Gehörs, durch die musikalische Komponente seiner fernen Klagelieder – das Dröhnen, mit dem die Brandung gegen die Felsen schlägt, und durch das Geräusch der Wellen am Strand, das seiner Meinung nach an das klatschende Geräusch nasser Bettlaken erinnert. Dann imitierte er die Geräusche.« (Goncourt, 22. November 1891) Demgegenüber behauptet Léon Daudet, sein Vater habe »Farben und Formen mit der größten Intensität wahrgenommen« und sei »einer der allerersten« gewesen, »der die Impressionisten wirklich zu würdigen wußte«.

wegen der Undurchsichtigkeit des gelblichen Wassers nicht zu sehen ist.

Dort sitze ich, allein, mit meinem Montaigne, den ich immer bei mir habe; Eisen, Schwefel, die Wasser aller Bäder haben auf dem Einband ihre Spuren, ihre Ablagerungen hinterlassen. Ein großer Vorhang am Eingang verbirgt mich vor den weiblichen Badegästen, die vorbeikommen oder vor dem offenen Feuer abgetrocknet werden. Ständig Leute, häufig aus dem Midi, die miteinander plaudern, sich von ihren Angelegenheiten erzählen.

Dieselbe Geschwätzigkeit wie überall. Neuigkeiten aus den Hotels, jeder hält das seine für das beste. Streitereien über die Wassertemperatur, jeder Badegast hat sein eigenes Phantasiethermometer dabei. Belauschte Gespräche aus benachbarten Schwimmbecken, Leute, die sich wiedererkennen, Tratsch über Gäste vom vorigen Jahr etc.

Dort habe ich andere auch über mich sprechen hören, manchmal bösartig, ein andermal voller Sympathie. Ich höre auch den Obern zu, lärmende Bauernburschen aus den Cevennen, sie sind hellwach, unerschütterlich, bedächtig, gewitzt. Einer arbeitet bereits seit vierzig Jahren in dem Etablissement.

Der Schritt von Tabetikern, Gehstöcke, Krücken, manchmal das Geräusch eines Sturzes. Gespräch unter Obern (in Dialekt): »Was ist passiert? – Nichts weiter ... Der Alte ist mal wieder fürchterlich hingeknallt.«

Plötzliches, mysteriöses Drama im Schwimmbad. Eine entsetzte Stimme ruft nach dem Wärter: »Chéron! ... Schnell! ...« (Steigerung des Entsetzens) »Schnell! ...

Schnell! ...«. Alle – von Panik erfaßt: »Colard, Chéron! Schnell! ... Schnell! ...«

Bei den Damen. Eine liebenswerte alte Nonne. »Mein erstes Bad seit fünfzig Jahren!« sagt sie beim Eintreten.

Nackte Russen in den Becken, Männer wie Frauen. Keine Krankheiten zu verstecken! Fassungslosigkeit bei den Südländern.

Dieser alte Priapos, vollgepumpt mit Laudanum. Bei anderen ist die Manneskraft dahin.

In diesem Jahr vielen begegnet, die unter Doppeltsehen, unter Augenkrankheiten leiden.[55]

Kranke Kinder.
 Mit einem kleinen Jungen geredet. Gewisser Stolz auf seine Schmerzen. (Glasknochen.)

S. B. Eigenartige Kuraufenthalte.

---

55 »Daudet beklagt sich, er habe in literarischen Dingen immer zwei andersartige Sichtweisen auf dasselbe Thema, und dieser geistige Kampf zwischen zwei Ideen mache die Arbeit schwierig, langwierig und verwirrend. Er nennt das sein *Doppeltsehen*. Er behauptet, bei seinem ersten schweren Anfall gelacht zu haben, weil er zwei Meilensteine und zwei Brunnen am Straßenrand sah, wo doch tatsächlich nur jeweils einer stand. Seitdem habe sich dieses Doppeltsehen in ein gedankliches Doppeltsehen verwandelt, über das er jetzt lamentiert.« (Goncourt, 3. Februar 1889)

Sexuelle Phantasien.

Alte Tabetiker beim Kartenspiel, sie werden von alten Frauen aufgelesen, die sie in eine entfernt liegende Villa mitnehmen. Rückkehr von zwei Männern an Krücken, nachts, auf holperigen Wegen.

Manche Exoten haben das Aussehen von dicken schwarzen Fliegen.

Die Streifzüge des Baron de X., ein alter, ein wenig verkalkter Lebemann. Als er fünfzehn war, nahm ihn sein Onkel, der Marquis de Z., zu seinem ersten Nachtmahl ins Café Anglais mit. An diesem Abend hatte er bereits die Fahrkarte nach Lamalou gebucht. Aber keine Schmerzen.

Elegant, aber hohl, Histörchen aus der mondänen Welt. Geht mit seinem Kammerdiener in die Messe.

Lamalou.

X., verrückt von den Schmerzen. Zweihundert Tropfen Laudanum täglich. Das Äußere: langer Gehrock, ausholende Gesten.

Major Z. Eine Tanzstunde mit diesem armen Blinden, der den Tabetikern zuruft: »Nehmen Sie Ihre Plätze ein für die Pastorelle!« Ein Hauch von Irrsinn mitten im Salon.

Pater C. vor dem Hotel, er nimmt keine Bäder mehr, er kommt nur noch, um sich die Tabetiker anzusehen!

Ein Arzt erzählt mir, daß im katholischen Süden sehr viele Frauen auf die Frage nach ihren Krankheiten in ihrer Verwirrung antworten: »Ja, mein Vater ...«

Rennpferde, denen man Morphium spritzt, um sie um den Sieg zu bringen.
Sehr skurril auch die Erzählung des Badewärters über den Ringkampf mit dem Verrückten. Nachdem man ihn aufs Bett geworfen hat, zieht der herbeigerannte Assistenzarzt eine Spritze auf und gibt ihm eine, zwei, drei Injektionen, die einen Ochsen umgeworfen hätten. Das hat ihn ein wenig beruhigt.
Wiedervereint in Lamalou ziehen all diese seltsamen und so unterschiedlichen Kranken Trost aus der Tatsache, daß ihre jeweiligen Leiden etwas Verbindendes haben.
Wenn die Saison zu Ende geht und die Bäder wieder geschlossen sind, dann löst sich diese Anhäufung von Schmerz auf, zerstreut sich. Jeder Kranke verwandelt sich wieder in einen *Einsamen*, verloren im Lärm und Treiben des Lebens, in ein befremdliches Wesen, das durch die Komik seines Leidens als Hypochonder erscheint, das man zwar bedauert, das einem jedoch auch auf die Nerven geht.
Nur in Lamalou versteht man ihn, nur dort interessiert man sich für seine Krankheit.

Die Qual, wieder an denselben Orten zu sein: »Ich habe das unternommen ... Ich konnte dies noch ... Jetzt nicht mehr.«

In diesem Jahr hat Lamalou eine neue Attraktion. Einen südamerikanischen Walzer, *La Rosita*. Der Brasilianer tanzt in seinem Sessel; erdiger Teint; verzweifelter Blick.

Die Einstellung von Priestern dem Leiden gegenüber.[56]
Der kleine Benediktinermönch, gleichgültig gegenüber allem.

Meine Spaziergänge von früher in diesem Land der Schmerzen. Noch immer Kraft zum Lachen. Mittagessen. La Bellocquière. All das vor meinem geistigen Auge wiedergesehen. Villemagne und den Pont-du-Diable. Lust zu weinen. Ich erinnere mich an Caoudals Worte: »Und daran denken, daß ich all das bedauern werde!...«[57]

All diese Jäger aus dem Midi, die sich ihren Rheumatismus bei der Entenjagd in den Sümpfen geholt haben. Einige kommen zu Vorsorgekuren hierher.

---

56 »Es gab dort an Neurosyphilis leidende Geistliche, die natürlich kein Morphium nahmen und ihre außerordentlichen Schmerzen auf christliche Weise ertrugen. Dagegen griffen die Ärzte, sobald sich die ersten Symptome zeigten, alle sofort zu starken Palliativen.« (Léon Daudet, *Devant la Douleur*)
57 Caoudal ist der Bildhauer in Daudets Roman *Sapho* (1884). Von einer jungen Mätresse verlassen, murmelt er diese Worte vor sich hin – »mit dem Weitblick des alternden Dandy, der seinen Niedergang beklagt«. Laut Léon Daudet war der Fotograf Nadar das Vorbild für die literarische Figur des Caoudal.

Das neue Schwimmbecken. Warum bloß vier Jahre in dem anderen?

Das Kind, das mit seinem Spielzeugboot ins Becken getragen wird.

Man sollte jede Saison ein anderes Kurbad aufsuchen.

Inzwischen verstehe ich die Unschlüssigkeit eines dieser armen menschlichen Wracks im Schwimmbecken, wenn es kläglich ausruft: »Warten Sie, ich weiß noch nicht, ob ich es schaffe!« Die Worte eines Unglücklichen, der sich vergewissern will, ob er noch beide Beine hat.

Gespräch zwischen einem Junggesellen und einem verheirateten Mann. Über die Eifersucht, wenn der Mann aufhört, ein Mann zu sein, und Heim und Herd nicht mehr verteidigen kann.

Auf der Hotelterrasse, das Hin und Her von Kranken, Rollstühlen, Patienten in Begleitung.
    Komme an einer Familie vorbei, der Vater auf seine Tochter gestützt, dahinter die Mutter, ein verlegener kleiner Junge. Überlegungen: »Richtig krank, dieser arme Mann. – Schon, aber seine Familie umsorgt ihn mit so viel Liebe...«

Das Bild dieser Familie gestern hat mich auf den Einfall zu einem Dialog gebracht, den weiterzuentwickeln sicher lohnend wäre.

ERSTER TABETIKER (*Im Ton falschen Mitgefühls, das die Zufriedenheit desjenigen ahnen läßt, der zwar Schmerzen hat, aber jetzt jemanden sieht, der noch mehr leidet.*)
»Dieser arme Mann macht einen sehr kranken Eindruck.«

ZWEITER TABETIKER (*Klein, verkrümmt wie ein Rebstock, jede Bewegung entreißt ihm einen Aufschrei.*)
»Man braucht ihn nicht zu bemitleiden; man kümmert sich um ihn, er ist wohlbehütet ... Seine Frau, seine Kinder; sehen Sie dieses hübsche, schon erwachsene Mädchen; welche Fürsorge auf Schritt und Tritt; wie sie ihn gespannt beobachtet, ihn nicht aus den Augen läßt! Ich lebe mit einem Diener, der nie zur Stelle ist, mich im Salon stehen läßt wie einen Besen, der mir beim Leiden ohne jede Rührung zusieht. Oder mit einem falschen Mitgefühl, das mir noch mehr zuwider ist.«

ERSTER TABETIKER
»Sie sind sich Ihres Glücks nicht bewußt! Ich weiß, was es heißt, in der Familie Schmerzen zu erleiden, davon kann ich ein Lied singen. Im günstigsten Fall ist man ein verabscheuungswürdiger Egoist, man ist gezwungen, seine Schmerzensschreie zu unterdrücken, um nicht diejenigen traurig zu stimmen, die einen umsorgen.

Wenn man kleine Kinder hat, will man ihnen nicht die einzigen heiteren und glücklichen Lebensstunden trüben, keine Erinnerung an einen ewig jammernden alten Mann von Vater hinterlassen. Ein Kranker im eigenen Haus, das ist so schrecklich, so belastend, besonders bei

Kranken wie uns, bei denen es sich lange hinzieht, nicht enden will ...

Hören Sie, Sie tun nichts weiter, als sich in ständigen Klagen zu ergehen, dabei ist doch ganz offensichtlich, daß Sie allein leben, ohne Verlegenheiten, ohne Zwänge.

ZWEITER TABETIKER
»Es wird noch soweit kommen, daß man nicht klagen darf, wenn man leidet!«

ERSTER TABETIKER
»Auch ich leide, und zwar in diesem Augenblick; aber ich habe mir angewöhnt, meine Leiden für mich zu behalten; wenn die Schmerzen plötzlich unerträglich werden und ich mich zu einem allzu heftigen Klagelaut hinreißen lasse, dann wird ein derartiges Theater um mich herum gemacht!,Was hast du? Wo tut es dir weh?‹ Man muß zugeben, daß es immer um dieselbe Sache geht und daß sie recht hätten, wenn sie zu uns sagten:,Ach, wenn es weiter nichts ist!‹«

Denn an diesen, für uns ständig neuen Schmerz hat sich unsere Umgebung längst gewöhnt, er wird rasch ermüdend für alle anderen, selbst für jene, die uns am meisten lieben. Das Mitgefühl stumpft ab. Selbst wenn ich nicht versuchen würde, mein Leiden aus Sorge um die anderen für mich zu behalten, täte ich es dennoch aus Stolz, um im Blick meiner Liebsten nie Müdigkeit oder Überdruß lesen zu müssen.

Und außerdem hat ein Mann, der allein lebt, nicht die tausend Leiden eines Mannes innerhalb der Familie: die kranken Kinder, die Erziehung, der Unterricht, der

Zwang zu väterlicher Autorität, eine Frau, die Sie nicht zur Krankenschwester machen wollen. Und dann der heimische Herd, den man nicht beschützen kann, den man nie wieder wird beschützen können ... Nein, wenn man schon leiden muß, dann ist das einzig Wahre, allein leiden zu dürfen.«

Dann würde sich der Alleinstehende all die Ängste vor Augen führen, die er für sich behalten und mit denen er allein fertig werden muß, ohne auf die Liebe oder Zuneigung anderer rechnen zu können. Er würde zu dem Schluß kommen, daß es gerade das Wissen um die zahllosen Verantwortlichkeiten des Familienvaters ist, das häufig die Intensität des eigenen Leidens vermindert.

Nachwort

An dieser Stelle bricht der Text von *La Doulou* ab. Laut André Ebner hatte Daudet ungefähr drei Jahre vor seinem Tod die Arbeit an dem Projekt eingestellt, doch diese Aussage ist nicht ganz wörtlich zu nehmen. Zumindest ein Eintrag – der über Daudets Aufenthalt in Venedig – kann eindeutig datiert werden: er wurde achtzehn Monate vor dem Tod des Autors niedergeschrieben, über dessen letzte Jahre sich Ebner auch schriftlich geäußert hat: »Seine leidenschaftliche Begeisterung für seine Arbeit, die Diskussion von Ideen sowie sein Verlangen, jeden Tag etwas Neues zu lesen (gegen Ende seines Lebens verschlang er mit Vorliebe äußerst komplizierte wissenschaftliche Texte), waren stärker als die Krankheit. Er hörte auf, sich eingehend mit ihren Symptomen zu beschäftigen und verwandelte die nie nachlassenden Schmerzen in eine mit jedem Tag zunehmende Güte.« Ebner zitiert Daudet mit den Worten, er habe seit dieser Zeit »nur noch ein Glücksbringer« sein wollen.

Doch das war er bereits. In Lamalou zeigt sich Daudet als ein interessierter – wenn auch gelegentlich mitleidsloser – Beobachter und Ohrenzeuge. Sein Sohn Léon, der ihn in den Jahren 1885 und 1887 nach Lamalou begleitete, erlebte seinen Vater, der aktiv am gesellschaftlichen Leben teilnahm, hier in einer eher philanthropischen Stimmung. Daudet war ein äußerst prominenter Patient, seine Ankunft im Hôtel Mas eins der großen Ereignisse der Saison. »Vom ersten Abend an«, erinnerte sich Léon, »war er von etwa sechzig mittlerweile vertrauten Leuten umgeben, die ihn trotz ihrer Schmerzen anlächelten. Nie wieder habe ich erlebt, daß jemand eine so außerordentliche geistige Anziehungskraft auf andere ausübte.« Im Hôtel Mas galt Daudet als ein Weiser und als moralische Instanz. Nach dem Abendessen war er eine Attraktion – er las laut vor und kommentierte Montaigne und Rabelais. Wenn in der landschaftlich reizvollen Umgebung gepicknickt wurde, verbreitete Daudet gute Laune. Für gutes Essen sorgte Madame Mas, und für ein paar Stunden, »wenn diese Truppe unfreiwillig tragischer Darsteller sich ausnahmsweise die Aufführung einer Komödie gestattete«, waren Muskelatrophie, Ataxie und Aphasie vergessen. Aber die Tragödie war nie weit weg. Stets waren Ärzte in der Nähe, die sich im Falle eines »Malheurs«, wie unangenehme Vorfälle euphemistisch genannt wurden, um die Kurgäste kümmern konnten. Léon Daudet erinnerte sich an eins dieser typischen »Mißgeschicke«: »Ein Paralytiker fragte im Bad höflich seinen Nachbarn: ›Entschuldigen Sie, mein Herr, ist das Ihr Bein oder meines?‹ ›Ihres, glaube ich‹, kam die Antwort, aber der Paralytiker war schon nach hinten gekippt und tot.«

Daudets Ratschläge an seine Mitpatienten waren pragmatischer Natur. Seiner Meinung nach sollte man die Krankheit wie einen ungebetenen Gast betrachten, dem keine besondere Aufmerksamkeit gebühre, und das tägliche Leben so normal wie möglich weiterführen. »Ich glaube nicht, daß es besser wird, genauso wenig wie Charcot«, sagte Daudet. »Trotzdem tue ich immer so, als würden die verdammten Schmerzen am nächsten Morgen der Vergangenheit angehören.« Léon Daudet erinnert sich an seinen Vater in Lamalou:

Er saß in dem kleinen Garten des Hôtel Mas, umgeben von Kranken, denen er neue Kraft zu geben versuchte. Er beruhigte die Nervösen, teilte die Leiden der Verzweifelten und versuchte seinen Mitpatienten etwas Hoffnung zu machen, daß die Krankheit sich möglicherweise wieder bessern oder das Schicksal dem Betreffenden noch einen Aufschub gönnen würde. »Die Ärzte wissen auch nicht mehr als wir – tatsächlich wissen sie sogar weniger, weil ihr Wissen sich aus Beobachtungen herleitet, die in der Regel in Eile registriert werden und nie vollständig sind. Jeder Fall hat neue und spezielle Komponenten. Bei Ihnen, verehrter Herr, stelle ich dieses Symptom fest, und bei ihnen da drüben ein anderes. Beides müßte man mit denen von Madame addieren, um etwas zu erhalten, was meinem Martyrium ähnelt. Unser Henker, die Krankheit, verfügt über eine Vielzahl von Folterinstrumenten, und wenn sie einen nicht zu sehr ängstigen, sollte man sie sehr genau studieren. Mit unseren Qualen ist es wie mit unheimlichen Schatten. Genaue Beschäftigung mit ihnen hellt sie auf und vertreibt sie.«

Aber natürlich wußte Daudet, daß sich einige Qualen nicht durch intellektuelle Analyse vertreiben ließen.

Seine größte Angst war, daß er schließlich in totaler Lähmung, Aphasie und Schwachsinn versinken und mithin zu dem werden könnte, was er in *La Doulou* als einen *in pace* bezeichnet – zu einem lebenden Grabmal. Doch zumindest das blieb ihm erspart. Im Oktober 1897 zog die Familie in das Haus Nr. 41 in der Rue de l'Université um (Goncourt hat festgehalten, daß sein Freund bei jedem Umzug zuerst gewohnheitsmäßig die Stelle der Wohnung suchte, wo man seinen Sarg hinstellen würde). Am 16. Dezember arbeitete Daudet an der Dramatisierung seines Romans *La Petite Paroisse*. Anschließend setzte er sich mit seiner Frau, den drei Kindern und seiner Schwiegermutter an den für das Abendessen gedeckten Tisch. Er schien guter Dinge zu sein, aß etwas Suppe und plauderte über Edmond Rostand, von dessen Drama *Cyrano de Bergerac* gerade die Generalprobe stattfand. Plötzlich – nach dem Augenzeugenbericht von Léon Daudet – hörte die Familie »jenes furchterregende Geräusch, das man nie wieder vergißt – ein schwaches gutturales Rasseln, gefolgt von einem weiteren.« Der Glücksbringer sackte in seinen Stuhl zurück und starb.

Ein vergleichsweise friedliches Ende, fast ein bißchen romanhaft. Léon Daudet vermied jene Details, die sein Vater so gern schriftlich festgehalten hatte. In ihrer Ausgabe vom 1. Januar 1898 berichtete *Le Chronique médicale*, nach Daudets Zusammenbruch seien sofort zwei Ärzte gerufen worden: Dr. Gilles de la Tourette (nach dem das Tourette-Syndrom benannt ist) und Daudets alter Freund Dr. Potain. Nachdem sie sich zuerst vergewissert hatten, daß seine Atemwege nicht durch das Essen blockiert waren, versuchten sie »anderthalb Stunden lang«, Daudet zu reanimieren. Bei diesen Wiederbelebungsversuchen bedienten sie sich der bizarren und für kurze Zeit populären Praxis, die Atmung durch »ausdauerndes, kräftiges und rhythmisches Ziehen an der Zunge« wieder in Gang zu setzen (eine Methode, die 1892 von einer Fachzeitschrift bei Fällen von Erstickungstod durch Faulschlammgas empfohlen wurde). Als dieser Versuch fehlschlug, probierten sie es mit einer »Faradisation des Zwerchfells«, um durch Stromstöße den Diaphragmamuskel zu stimulieren. Erst danach erklärten sie Daudet für tot.

Im Jahr zuvor war in Champrosay Edmond de Goncourt gestorben, und damit bewahrheitete sich dessen Prognose, daß Daudet seinen letzten Atemzug – *le dernier soupir*, wie die Franzosen sagen – erst nach seinem langjährigen Freund tun würde. Madame Daudet sollte ihren Mann um vier Jahrzehnte überleben, und es blieb ihr sogar nicht erspart, noch am Grab ihrer Tochter Edmée stehen zu müssen, der in Lamalou das Leben geschenkt worden war. Im Jahr 1930 genehmigte sie die Publikation von *La Doulou*. Sie starb 1940, als sich Daudets Geburtstag zum hundertsten Mal jährte.

Nachbemerkung zur Syphilis

Als Kolumbus im Jahr 1493 mit seiner Mannschaft aus Amerika zurückkehrte, brach in ganz Europa eine Syphilis-Pandemie aus. Nachdem die Krankheit fast drei Jahrhunderte lang ihre zerstörerische Kraft entfaltet hatte, traten im späten 18. Jahrhundert zwei neue Erscheinungsformen auf. In beiden Fällen erreichte die Krankheit das tertiäre Stadium, in dem, bei progressiver Paralyse wie bei Tabes dorsalis (häufig als Tabes abgekürzt), das Nervensystem betroffen war. Etwa fünf bis sieben Prozent aller mit Syphilis infizierten Männer waren später von progressiver Paralyse betroffen; bei Frauen lag der Prozentsatz deutlich niedriger.

In der Regel machten sich die Anzeichen für Tabes dorsalis etwa fünfzehn bis fünfunddreißig Jahre nach der ursprünglichen Infektion bemerkbar. Eines der ersten klinischen Symptome waren scharfe, stechende, durchdringende und sich wiederholende Schmerzen. Hier reichte das Spektrum von noch einigermaßen zu verkraftenden Beschwerden, die ein Laie vielleicht fälschlich als »Rheumatismus« eingeordnet hätte, bis hin »zu den quälendsten Schmerzen, die der medizinischen Wissenschaft bekannt sind«. Ein heutiges Handbuch der klinischen Neurologie konstatiert lapidar: »Häufig ist der Schmerz so unerträglich, daß der Patient an Selbstmord denkt.«

Schon auf einer der ersten Seiten von *La Doulou* schreibt Daudet: »Erste Anfänge der Krankheit, die mich überall abtastet, sich einzunisten versucht.« Tatsächlich sollte sie sich an vielen Stellen einnisten, so daß der Kranke gleichzeitig von Knochenschmerzen wie auch von Magenproblemen oder Atemnot gequält werden konnte. Dazu konnten auch Probleme mit der Kontrolle über die Ausscheidungsorgane kommen (die urologischen Komplikationen erklären Daudets Besuche bei Dr. Guyon.) Ferner gab es sensorische Störungen, von Taubheitsgefühlen in den Füßen bis zu der Empfindung, als würde der Körper am oberen Abdomen von einem straff gespannten Band zugeschnürt. Im Jahr 1932 veröffentlichte Mary Trivas unter dem Titel *Auto-observation d'un tabétique de qualité* die erste Studie über *La Doulou* aus medizinischer Sicht, in der sie die ersten Seiten des Buchs als eine »komplette symptomologische Liste der Leiden eines Tabetikers im Vorstadium der Ataxie« charakterisiert. Ihrer Meinung nach war Daudets Fall nicht nur »klassisch«, sondern sogar *livresque* – wie aus dem Lehrbuch.

Die eigentliche ataktische Periode manifestierte sich in einem unsicheren Gang, wobei die Defizite zuerst noch durch den Sehsinn kompensiert werden konnten (daher auch Daudets Bemerkung, er könne besser gehen, wenn er dabei seinen eigenen Schatten sehe). Tabetiker waren in der Dunkelheit unsicherer auf den Beinen und stürzten häufig, wenn sie die Augen schlossen, was durch den Romberg-Versuch (1846) bewiesen wurde. Zu der mangelnden Kontrolle über die Beine konnte auch noch das Problem kommen, diese nicht mehr zu fühlen – der klassische Tabetiker, schrieb Trivas, klage über den Eindruck, »im Bett seine Beine zu verlieren«. Die progressive Paralyse schritt weiter fort, und bald waren auch Arme und Hände betroffen: Madame Daudet registrierte schon früh, die »schöne und deutliche Handschrift« ihres Mannes beginne »ein leichtes Zittern« zu verraten.

Der Historiker Augustin Thierry (1795–1856), einer der ersten Tabetiker, der aus der Selbstbeobachtung heraus über den Krankheitsverlauf geschrieben hat, stellte fest, daß der Betroffene dem Schicksal überlassen sei, »Stück für Stück seiner Selbstauflösung zusehen« zu müssen. In der Regel traten sensorische, muskuläre und motorische Probleme auf, dazu kamen Magenprobleme. Trotzdem zeigte normalerweise kein an Ataxie Leidender alle Symptome von Tabes dorsalis. So blieb Daudet beispielsweise (trotz seiner Sehprobleme) nicht nur die Erblindung erspart, sondern auch, nach dem Urteil von Mary Trivas, die »gastrischen Probleme von Tabetikern«. Zwar werden in *La Doulou* auch Magenprobleme erwähnt, doch ist es eher wahrscheinlich, daß diese eine Folge des Gebrauchs von Morphium und anderen Schmerzmitteln waren. Ähnliches gilt, wenn Daudet beschreibt, wie Handschriften vor seinen Augen zu tanzen begannen. Diese Täuschungen führt Trivas auf die typischen Effekte von Opium und seinen Derivaten zurück, vergleichbar mit der »Trunkenheit des Sehens«, die durch den Genuß von Meskalin hervorgerufen wird.

Wußte der Tabetiker schon nicht immer, ob seine Leiden durch die Krankheit oder deren Behandlung (oder die Palliative) ausgelöst wurden, so blieb vielen grundsätzlich unklar, was überhaupt die Ursache ihres Martyriums war. Angesichts der großen zeitlichen Kluft zwischen der ursprünglichen Infektion und der im tertiären Stadium auftretenden Neurosyphilis war der Zusammenhang zwischen beiden lange Zeit nicht offensichtlich. In der Regel wird Duchenne de Boulogne das Verdienst zuerkannt, erstmals auf der kausalen Verbindung zwischen Syphilis und Ataxie bestanden zu haben. Statistisch wurde diese These durch Alfred Fournier belegt, der seine Theorie etwa ab 1880 als Lehrmeinung vertrat. Aber die herkömmliche ärztliche Meinung war konservativ, und deren Anhänger ließen sich lange nicht überzeugen. Charcot, der die einflußreichsten Patienten seiner Zeit behandelte, wollte von einem Zusammenhang bis zu seinem Tod im Jahr 1893 nichts wissen. Neben Charcot konsultierte Daudet auch noch Fournier, und insgeheim sympathisierte er mit dessen Schlußfolgerungen.

Auch die moralische und psychologische Reaktion des Patienten auf seinen Zustand war unterschiedlich. Anatole France gab zu Protokoll, Daudet habe sich kurz vor seinem Tod folgendermaßen geäußert: »Das ist die gerechte Strafe dafür, daß ich das Leben zu sehr geliebt habe.« Doch das klingt etwas zu glatt. In *La Doulou* ist zwar von einem schmerzlichen Bedauern darüber die Rede, den Verlust von Fähigkeiten ertragen zu müssen und anderen das eigene Leiden aufzubürden, aber der Text gleitet nie ins Moralisieren ab. Wie auch immer, die Einstellungen hinsichtlich einer Infektion mit Syphilis waren komplizierter, als wir uns das vielleicht heute vorstellen können. Für manchen war die venerische Krankheit gleichsam ein Ausweis der Männlichkeit und sexueller Verwegenheit; einige waren sogar der Ansicht, Syphilis steigere das kreative und imaginative Potential. Baudelaire behauptete, ein junger Schriftsteller, der seine ersten Korrekturfahnen lese, sei »so stolz wie ein Gymnasiast, der sich mit Syphilis infiziert«. Als Maupassant 1877 mit der Behandlung begann, frohlockte er geradezu: »Meine Haare beginnen wieder zu wachsen, die an meinem Hintern sprießen geradezu. Ich hab‹ die Syphilis! Endlich! Keinen ordinären Tripper ... Nein, nein, die majestätische Syphilis, an der François I. gestorben ist ... Donnerwetter, ich bin stolz darauf. Jetzt brauche ich mir wegen einer Ansteckung keine Sorgen mehr zu machen, und ich treibe es mit den Schlampen und Straßenhuren. Hinterher sage ich dann: ›Ich hab' die Syph.‹« Maupassant blieb die progressive Paralyse nicht erspart. Im Jahr 1891 unternahm er einen Selbstmordversuch, achtzehn Monate später starb er 1893 im Irrenhaus.

Fast während des gesamten 19. Jahrhunderts wurde Syphilis auf breiter Front mit Quecksilber behandelt, was sich in einem bald populären Witz ausdrückte: »Eine Nacht mit Venus, den Rest des Lebens mit Merkur.« Obwohl Daudet die berühmtesten Spezialisten seiner Zeit konsultierte und von den behutsamsten bis zu den bizarrsten Behandlungspraktiken alles ausprobierte, war offensichtlich kein Therapieversuch dazu in der Lage, den Verlauf der Krankheit zu verlangsamen oder ihm die Schmerzen in nennenswertem Ausmaß erträglich zu machen. (Schließlich überquerte die Seyre-Methode den Atlantik. Im April 1890 berichtete Dr. S. Weir Mitchell im *University Medical Magazine* über seinen

Einsatz eines Apparats, den er als »eine Modifikation des Aufhängungsapparats von Dr. Morchoukowsky aus Odessa« bezeichnete. Mitchells Verbesserung bestand darin, den Patienten an den Ellbogen, am Kinn und am Hinterkopf aufzuhängen, wodurch der Schmerz drastisch reduziert, das Rückenmark aber trotzdem gedehnt wurde. Mitchell praktizierte diese Variante der Aufhängung bei dreiundzwanzig seiner Patienten, unter ihnen auch einige an Ataxie leidende, bis zu fünfzig Mal. Einige von ihnen erklärten pflichtschuldig, die Behandlung sei »von einem gewissen, undefinierbaren Nutzen«.)

Statistiken über die Verbreitung von Syphilis im 19. Jahrhundert sind unzuverlässig. Dafür spricht auch Flauberts sarkastischer Eintrag in seinem *Dictionnaire des idées reçues*, heutzutage leide »ja mehr oder weniger jeder an Syphilis«. Einige Fachleute sprechen von einem generellen Rückgang ab den sechziger Jahren, aber gesichert zu sein scheint nur, daß die Syphilis während und nach Kriegen die besten Ausbreitungsbedingungen fand (Napoleonische Kriege, Erster Weltkrieg), zudem bei großen Bevölkerungswanderungen. Eine wirklich präzise Diagnose und effektive Behandlung von Syphilis wurde erst im 20. Jahrhundert möglich. Im Jahr 1906 wurde der serologische Wassermann-Test eingeführt, und 1909 wurde Salvarsan patentiert, ein arsenhaltiges Medikament, das bei primären und sekundären Infektionen erfolgreich eingesetzt werden konnte. Penicillin, 1928 entdeckt, wurde 1943 erstmals von Mahoney in der Syphilisbehandlung verwendet. Seitdem hat die Ausbreitung der Krankheit in großem Umfang abgenommen.

Kürzlich diskutierte ich Daudets Fall mit einem

Freund, einem Spezialisten für Krankheiten, die durch Geschlechtsverkehr übertragen werden. »Seit Penicillin ist Syphilis langweilig geworden«, erzählte er mir (zumindest für den Arzt). Obwohl die Krankheit in England mehr oder weniger ausgerottet ist, beschert der massenhafte internationale Flugverkehr meinem Freund hin und wieder ein paar Fälle. Vor zwei Jahren behandelte er eine Gruppe junger Männer, die – außer ihrer Infektion – alle noch etwas gemeinsam zu haben schienen. Schließlich stellte sich heraus, daß sie sämtlich Anhänger der englischen Fußball-Nationalmannschaft waren und ihr Team zu einem Freundschaftsspiel nach Moldawien begleitet hatten. Offensichtlich hatte es sie schwer beeindruckt, welche besonderen Aufmerksamkeiten man sich dort mit harter Währung erkaufen konnte. Sollte einer von ihnen jemals *La Doulou* lesen, wird er vielleicht begreifen, was für ein großes Glück er hatte, im 20. Jahrhundert geboren zu sein.

J. B.